青少年爱国主义教育及国家版图知识丛书

创新引领

《祖国在我心中》编委会　编著

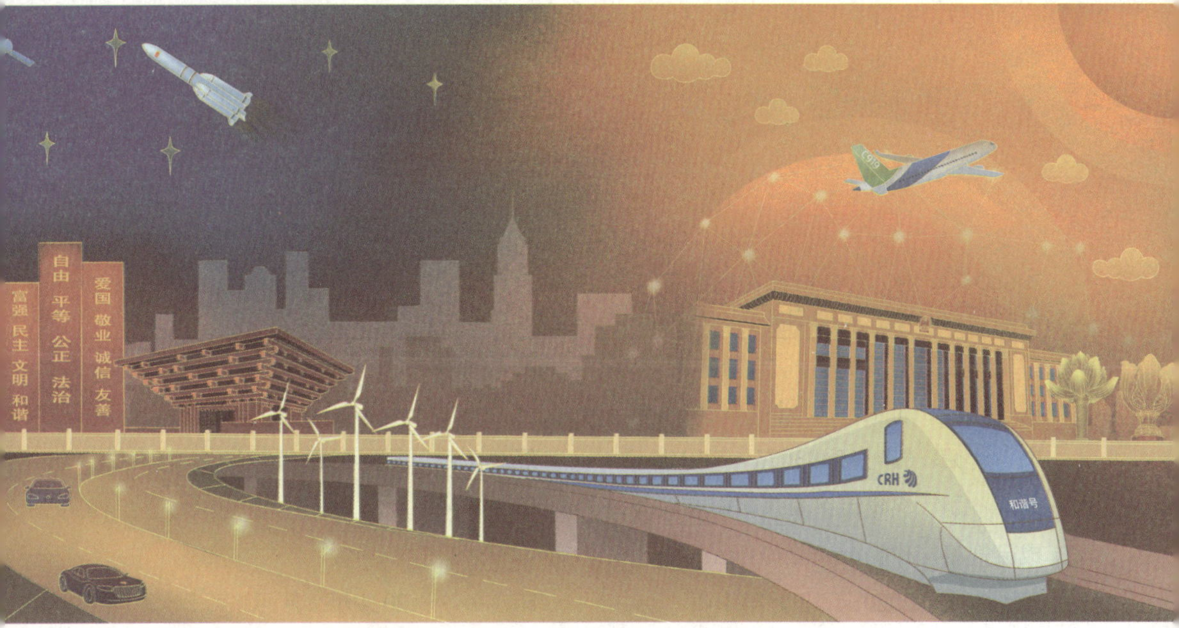

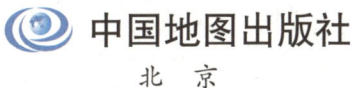

中国地图出版社

北京

图书在版编目（CIP）数据

祖国在我心中．创新引领 /《祖国在我心中》编委会编著．－－ 北京：中国地图出版社，2020.12
（青少年爱国主义教育及国家版图知识丛书）
ISBN 978－7－5204－2070－9

Ⅰ．①祖… Ⅱ．①祖… Ⅲ．①爱国主义教育－中国－青少年读物②国家创新系统－研究－中国－青少年读物 Ⅳ．① D647－49 ② F204－49

中国版本图书馆 CIP 数据核字 (2020) 第 244547 号

ZUGUO ZAI WO XINZHONG CHUANGXIN YINLING
祖国在我心中·创新引领

出版发行	中国地图出版社	邮政编码	100054
社　　址	北京市西城区白纸坊西街3号	网　　址	www.sinomaps.com
电　　话	010－83493075　83910440	经　　销	新华书店
印　　刷	保定市铭泰达印刷有限公司	印　　张	8
成品规格	170 mm×240 mm		
版　　次	2020年12月第1版	印　　次	2024年2月河北第2次印刷
定　　价	23.00元		
书　　号	ISBN 978－7－5204－2070－9		
审 图 号	GS（2020）6816号		

本书中国国界线系按照中国地图出版社1989年出版的1∶400万《中华人民共和国地形图》绘制
如有印装质量问题，请与我社联系调换

《祖国在我心中》编委会

主　　编　陈　平　徐根才　唐建军　常宗耀
执行主编　周　涛　王　玮
编　　委（按姓氏笔画排序）
　　　　　王　静　冯文攀　朱兰婷　安昱瑄　李　铮　吴　磊
　　　　　何　慧　沈万君　苗　菲　段淑强　袁宏霞
项目统筹　周　涛　朱兰婷

《创新引领》编辑部

本册编写　汪琼枝　许　亮　王德中
责任编辑　吴　磊
编　　辑　苗　菲　冯文攀　杜怀静　李　静
审　　校　郝文玉
出版审订　沈万君
插画绘制　李　运　原琳颖　罗小芳
装帧设计　风尚境界
图片提供　摄图网　新华社　微图网　FOTOE　汇图网

前　言

中华民族在几千年绵延发展的历史长河中，创造了博大精深的中华文明，书写了波澜壮阔的中华民族发展史，建立了统一的多民族国家，形成了守望相助的中华民族大家庭，培育、继承并发扬了历久弥新的伟大民族精神。在中华民族核心的精神品质中，爱国主义始终是激昂的主旋律，始终是激励我国各族人民自强不息的强大力量，激励着一代又一代中华儿女为国家富强而不懈奋斗。

习近平总书记指出，弘扬爱国主义精神，必须把爱国主义教育作为永恒主题。要把爱国主义教育贯穿国民教育和精神文明建设全过程。要深化爱国主义教育研究和爱国主义精神阐释，不断丰富教育内容、创新教育载体、增强教育效果。

为贯彻习近平总书记的重要指示精神，推动《新时代爱国主义教育实施纲要》的落实，我们编写了这套青少年爱国主义教育及国家版图知识丛书——《祖国在我心中》。丛书秉持"以理服人、以文化人、以情感人"的理念，分10册，多角度、多侧面、立体式地介绍国情，内容涵盖地理、历史、经济、政治、文化、国防、科技、艺术、社会生活、民族团结和国际交往等方面，将政治与社会、地理与人文、历史与民俗、过去与未来、建设与成就、中国与世界相互交织，知识丰富，生动有趣，可读性强，力求呈现一个鲜活、奋进、自信的中国形象，有助于青少年读者全

方位了解伟大的祖国,培养和激发爱国热情,提升民族自豪感和文化自信心。

丛书图文并茂,融入了鲜明的版图特色和地图特色。书中配置了大量地图,每一册的最后还专门设置了"爱我版图"专栏,将知识与地图融为一体,普及了地图知识,宣传了中国国家版图意识。丛书通过对青少年读者进行正规而系统的国家版图意识教育,帮助他们对国家版图的概念及其相关知识形成正确的认识,学会规范使用地图,从而自觉维护国家主权和领土完整。

我们生于斯长于斯的伟大祖国,如万里画卷,似千年诗章,有着览不尽的辉煌壮丽,有着品不完的厚重深沉……翻开这套丛书,总有一种情感温润你的眼睛,必有一种信念打动你的心灵。青少年朋友们,让我们牢记习近平总书记的谆谆教导,时刻把祖国和人民放在心中,把爱我中华的种子埋入心灵深处,培养爱国之情,砥砺强国之志,实践报国之行,让爱国主义精神代代相传,发扬光大,为实现中华民族伟大复兴的中国梦而奋勇前进!

《祖国在我心中》编委会

图 例

★ 北京	首都	....	省级界
⊙ 哈尔滨	省级行政中心	------	特别行政区界
○ 青岛	一般城市	～～	河流
⊢⊣	洲界	⊢⊢⊢	运河
——未定——	国界	◇	湖泊
++++++	军事分界线	～～	海岸线
------	地区界	·～·～	时令河

目 录

第一章　政治制度创新

中国特色社会主义政治发展道路　　2
建设法治中国　　9
"一国两制"伟大构想　　15

第二章　经济改革创新

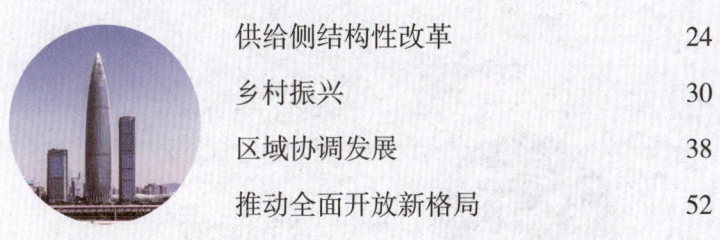

供给侧结构性改革　　24
乡村振兴　　30
区域协调发展　　38
推动全面开放新格局　　52

第三章　文化建设创新

坚定文化自信　　　　　　　　　　60
培育和践行社会主义核心价值观　　66
推动中华文化繁荣兴盛　　　　　　73

第四章　科技发展创新

引领世界科技创新　　　　　　　　82
走在世界前列的航天科技　　　　　89
奋力建设交通强国　　　　　　　　97
在新科技革命浪潮中乘风破浪　　 107

专　栏　爱我版图

我国对地图的管理　　　　　　　 116

第一章
政治制度创新

独特的文化传统、独特的历史命运、独特的基本国情，注定了我们必然要走适合自己特点的发展道路。中国共产党从成立之日起，就以实现人民当家作主为己任，团结带领中国人民不懈奋斗，中国特色社会主义政治发展道路越走越宽广，人民当家作主的制度保障越来越健全，让社会主义民主的优越性更加充分地展示出来。

中国特色社会主义政治发展道路

近代以来,中国饱受封建专制的压迫和外敌入侵的屈辱,广大百姓生活艰苦,颠沛流离。翻阅历史,中国也尝试过君主立宪制、民主共和制等多种政治制度,但最终都以失败而告终。中国人民必须寻找和走出一条适合自己国情的政治发展道路。中国共产党领导全国各族人民,经过长期斗争和不断探索,取得了新民主主义革命的伟大胜利,建立了中华人民共和国,而且进一步发展形成了中国特色社会主义道路、理论、制度、文化,并始终以人民当家作主为本质和核心。

中国特色社会主义政治发展道路的鲜明特色

中国共产党以马克思主义武装自己,以实现人民当家作主为己任,团结带领人民打破旧社会的黑暗,集中力量争取民族独立和人民解放,推翻了帝国主义、封建主义和官僚资本主义"三座大山"。迎着1949年10月1日的曙光,我国逐步建立起工人阶级领导的、以工农联盟为基础的人民民主专政的国体和人民代表大会制度的政体,开始实行社会主义民主政治,建设社会主义。这不仅从实质上提升了广大人民群众的社会地位,还切实地赋予了人民当家作主的权利,以足够的底气向世界宣告:中国人民从此站起来了!伴随着改革开放的铿锵步伐,我国在民主政治制度的建设上取得了一系列成果,使广大人民群众当家作主的权利得到进一步保障和提升。

理论是行动的先导。中国特色社会主义政治发展道路有其自身的理论逻辑,是在一定的思想理论指导下不断推进的。这一思想理论包括马克思主义基本原理，也包括毛泽东思想和中国特色社会主义理论体系。

那么，中国特色社会主义政治发展道路究竟好在哪里？一是好在坚持党的领导、人民当家作主、依法治国有机统一的制度安排。这种制度安排不但把国家和民族前途命运牢牢掌握在人民手中，保证人民平等参与、平等发展，还从各层次各领域扩大公民有序政治参与，让人民民主更广泛、更充分、更健全，也让民主政治更加制度化、法律化。当然西方国家也有自己的民主制度，例如美国也讲民主，但并不是所有美国公民都能平等、公正地享有良好的社会待遇，种族歧视、暴力执法等社会事件在美国频发，这样的民主制度怎能让全体美国公民心安？

二是好在中国共产党坚持全心全意为人民服务的宗旨。一个国家的执政党对于这个国家的发展来说是极其重要的。我国坚持中国共产党的领导，这是历史和人民的选择。中国共产党是以人民为中心、全心全意为人民服务的政党，只有在中国共产党的领导下才能开辟出中国特色社会主义道路，形成中国特色社会主义理论体系，确立中国特色社会主义制度，发展中国特色社会主义文化，实现中华民族的伟大复兴。在2020年新冠肺炎疫情防控的人民战争中，以习近平同志为核心的党中央始终把人民群众生命安全和身体健康放在第一位，人民至上、生命至上的崇高理念得到了极大彰显，充分体现了中国共产党的性质和宗旨。

在我国，人民始终是国家的主人，保证人民当家作主是秉持国家的一切权力属于人民这一崇高理念的必然要求。在1954年第一届全国人民代表大会第一次会议上，毛泽东主席这样说："我们有充分的信心，克服一切艰难困苦，将我国建设成为一个伟大的社会主义共和国！"经过了近70年的奋斗，中国特色社会主义政治发展道路越走越宽，人民当家作主制度体系也越来越健全。坚持以人民为中心，这根旗杆牢牢地矗立在中华人民共和国这片神圣土地上；坚定不移走中国特色社会主义政治发展道路，这面鲜艳的旗帜也在全国各族人民心中高高飘扬。

保证人民当家作主

习近平总书记指出：发展社会主义民主政治就是要体现人民意志、保障人民权益、激发人民创造活力，用制度体系保证人民当家作主。我国是工人阶级领导的、以工农联盟为基础的人民民主专政的社会主义国家，实行人民代表大会制度这一根本政治制度，实行中国共产党领导的多党合作和政治协商制度、民族区域自治制度、基层群众自治制度等基本政治制度。这样一套政治制度安排，充分保证了人民当家作主，必须长期坚持、不断完善。

1954年9月15日，中华人民共和国第一届全国人民代表大会第一次会议在北京举行，全国各地有1 200多名参会代表会聚在中南海见证这一隆重而伟大的时刻。大会讨论并通过了《中华人民共和国宪法》，标志着人民代表大会制度在我国的确立。这是我国政治发展史上的一件大事，是中国共产党人把马克思主义基本原理同中国具体实际相结合的一个伟大创举。这项制度深深扎根于中华大地，也只有这项制度才能更好地集中民意、集中民愿，这就是我们的选择、我们的设计、我们的创新。

⊕1954年，中华人民共和国第一届全国人民代表大会第一次会议在北京举行

作为最高国家权力机关的全国人民代表大会，象征着人民的利益高于一切，象征着人民是国家的主人。全国人民代表大会每届任期五年，每年举行一次会议，依法行使立法权、决定权、任免权和监督权。每年举行的人大会议会期虽不长，却最为百姓关注，因为很多关乎人民切身利益的提案都会在人大会议上进行审议。

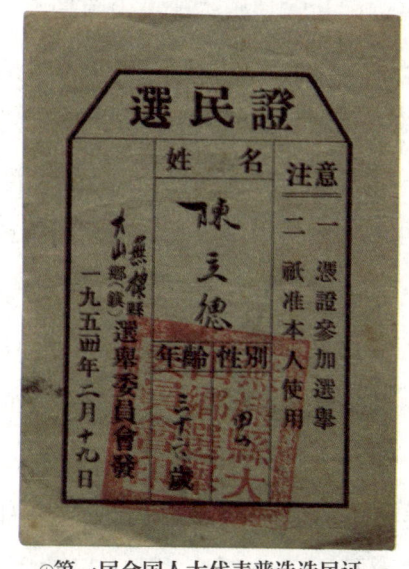
⊕第一届全国人大代表普选选民证

人民代表大会制度既是我国的根本政治制度，也是我国人民民主专政政权的组织形式，是发展社会主义民主政治的主要途径和中国特色社会主义制度的重要组成部分，是维护国家统一、民族团结的最好方式，是民心所向。民有所呼，政有所应，作为人民代表大会制度的实现形式，人民代表大会成为联系人民群众的重要渠道，是维护社会安定的重要保障，它使国家机关能够经常听到群众的呼声，了解群众的需求，使国家机关的决策和制定的法律、措施更加符合实际、顺应民意，也更加民主化、科学化。

人大代表

人民代表大会严格依据国家的一切权力属于人民和民主集中制原则，通过广大选民的民主选举而产生各级人民代表大会代表，每届任期五年。全国、省、自治区、直辖市和设区的市、自治州的人大代表由下一级人民代表大会选举产生；不设区的市、市辖区、县、自治县、乡、民族乡、镇的人大代表由选民直接选举产生。

中国共产党始终代表中国最广大人民的根本利益，坚持中国共产党的领导，是中国特色社会主义最本质的特征。我国除了中国共产党以外，还有民主党派、无党派民主人士、各人民团体和各界爱国人士等。社会主义的建设事业必须团结一切可以团结的力量，形成广泛的爱国统一战线。1949年9月，中国人民政治协商会议第一届全体会议在北平（今北京）隆重召开，初步建立了中国共产党领导的多党合作和政治协商制度。1954年的宪法把这项制度正式写进来，以国家根本法的形式确立了中国共产党的执政地位和各民主党派参政议政的制度。

中国人民政治协商会议，简称人民政协，是中国共产党领导的多党合作和政治协商的重要机构，是中国人民爱国统一战线组织，是发扬社会主义民主的重要形式。人民政协围绕团结和民主两大主题，履行政治协商、民主监督和参政议政的职能，包括对国家和地区的大政方针，政治、经济、文化、社会生活中的重要问题和人民群众普遍关心的问题进行协商，提出意见和建议，对宪法、法律、法规的实施，对政策的贯彻执行，对国家机关和相关工作人员的工作进行监督等。

⊕ 中国人民政治协商会议礼堂

70多年来,中国共产党始终坚持和不断完善这项制度。十八大以来,多党合作事业更是进入崭新的发展时期。"长期共存、互相监督、肝胆相照、荣辱与共",中国共产党在坚持这个基本方针的基础上,统筹各方利益和诉求,形成最大公约数。人心齐,泰山移。中国共产党领导的多党合作和政治协商制度,有利于反映民意,集中民智,促进科学民主决策;有利于协调关系,化解矛盾,维护社会稳定和谐;有利于凝聚人心,反对分裂,推进祖国和平统一大业。这是实现人民民主的一种重要形式,是全面建成小康社会和实现中华民族伟大复兴的重要保障。

中华人民共和国是全国各族人民共同缔造的统一的多民族国家。五十六个民族在长期的交往、交流、交融中确立了平等团结互助和谐的社会主义民族关系。民族区域自治制度作为我国的一项基本政治制度,实现了我国社会主义多民族国家在民主基础上的统一,具有鲜明的中国特色。它的主要内容是,在国家统一领导下,在各少数民族聚居的地方实行区域自治,设立自治机关,行使自治权。这是我们国家尊重和保障少数民族管理本民族内部事务

⊕《中华人民共和国民族区域自治法令》(1952年)

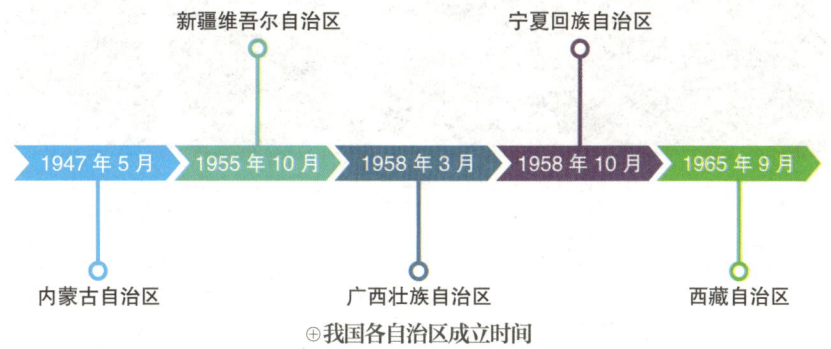

⊕我国各自治区成立时间

权利的体现，是解决我国民族问题的基本政策，是促进各民族平等、团结和共同繁荣的重要原则，是国家制度体系和治理体系的重要组成部分。我们要在维护国家统一和民族团结的基础上，保障民族自治地方依法行使自治权，支持并帮助自治地方发展经济、改善民生。

　　基层群众自治制度也是我国的一项基本政治制度。依照宪法和法律，由居民（村民）选举产生居民（村民）委员会，在所居住的社会基层区域内，实行群众自我管理、自我教育、自我服务、自我监督，带有基层性、直接性和自治性的特点。要真正发展好基层群众自治制度，就必须把人民群众的根本利益作为一切工作的出发点和落脚点，实现好、维护好和发展好最广大人民的根本利益。基层民主落实好了，人民真正当家作主了，百姓就会心顺气畅，这必将有利于民主法治、公平正义、诚信友爱、充满活力、安定有序、人与自然和谐相处的和谐社会的构建。

⊕社区居民委员会举办基层群众自我教育活动

建设法治中国

治国凭圭臬,安邦靠准绳。全面推进依法治国是关系我们党执政兴国、关系人民幸福安康、关系党和国家长治久安的重大战略问题,是完善和发展中国特色社会主义制度、推进国家治理体系和治理能力现代化的重要方面。坚持党的领导、人民当家作主、依法治国有机统一,是中国特色社会主义政治建设的必然要求。新时代,中国正绘制着全面依法治国的新画卷,法治中国的宏伟蓝图已经磅礴展开。

依法治国的历史演进

法,是治理国家的重要工具,是确保社会这台机器正常运作的监控台,是维持人民生活幸福安康的防火墙。中国共产党将建设法治国家作为追求的目标。中华人民共和国成立后,以毛泽东为代表的中国共产党人领导中国人民进行了一场波澜壮阔的立法运动,开启了包括制定宪法在内的社会主义法制建设的新纪元。

依法治国是中国特色社会主义建设的重要保障。党的十一届三中全会提出

⊕《中华人民共和国宪法》(1954年)

了"发展社会主义民主，健全社会主义法制"的重大方针，这为我国社会主义民主政治建设筑牢了法制根基。党的十五大明确提出把依法治国确立为治理国家的基本方略，把建设社会主义法治国家确定为我国社会主义现代化建设的重要目标。从九届全国人大二次会议将"依法治国"正式写入宪法，到十七大提出依法治国是社会主义民主政治的基本要求，这些年来我国不断巩固和落实依法治国基本方略，加快了建设社会主义法治国家的步伐。到2010年，我国已经基本形成了以宪法为核心的中国特色社会主义法律体系。

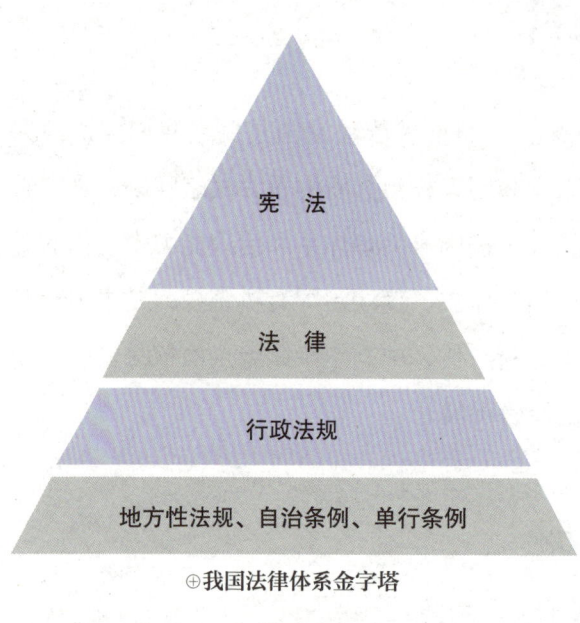

⊕ 我国法律体系金字塔

法制与法治

"法制"是法律和制度的总称，是统治阶级以法律化、制度化的方式管理国家事务，并且严格依法办事的原则，也是统治阶级按照自己的意志通过国家权力建立的用以维护本阶级专政的法律和制度。

"法治"即依法治理国家，指的是以民主为前提和基础，以严格依法办事为核心，以制约权力为关键的社会管理机制、社会活动方式和社会秩序状态。

党的十八大把"全面推进依法治国"作为我国政治改革和政治发展的重要目标和重要任务，十九大明确提出全面依法治国是中国特色社会主义的本质要求和重要保障，要坚定不移走中国特色社会主义法治道路。我国全面推进依法治国，总目标就是建设中国特色社会主义法治体系，建设社会主义法治国家。"立善法于天下，则天下治；立善法于一国，则一国治。"我国法制建设的不断推进和完善，让中国人民对社会主义建设更加放心、更加安心，也更加有信心。

⊕**法治文化公园内石刻**

立善法于天下，则天下治；立善法于一国，则一国治。——王安石

法治中国

在中国这样一个有着14亿多人口的大国，要实现政治清明、社会公平、民心稳定、长治久安，最根本的还是要靠法来保障。治国者，必以奉法为重。实施依法治国需要确保宪法在治国理政各个方面得到全面实施，需要不断完善中国特色社会主义法律体系，筑牢法治国家、法治政府、法治社会这三根建设法治中国的支柱，推进科学立法、严格执法、公正司法、全民守法。

全面推进依法治国的一个重要战略特征，就是坚持中国特色社会主义法治道路、法治理论、法治体系、法治文化"四位一体"。依法治国是国家治理的一场深刻革命，习近平总书记强调，我国法治建设的成就，可以列举出十几条、几十条，但归结起来就是开辟了中国特色社会主义法治道路这一条。坚持党的领导，坚持中国特色社会主义制度，贯彻中国特色社会主义法治理论，这条法治道路是我们中国人自己走出来的，也是社会主义法治最根本的保证。在这样一个大的基调下，经过长期的磨合形成了中国特色社会主义法治理论，成为中国特色社会主义法治体系的理论指导和学理支撑，成为依法治国的行动指南。我国法治理论没有照搬"西式法理"，更不会"全盘西化"，而是在借鉴古今中外优秀法治文明成果基础上，充分结合中国国情，形成了能够体现中国特色、中国风格、中国气派的法治理论。在道路和理论这两个前提的指引下，中国特色社会主义法治体系就有了制度属性和前进方向。它以宪法为统帅，包含着完备的法律规范体系、高效的法治实施体系、严密的法治监督体系、有力的法治保障体系和完善的党内法规体系。法治，不是以处置违法乱纪的人和事为最终目的，而是要让人们能够自觉依法办事，能够尊法学法守法用法，从而在大环境层面形成中国特色社会主义法治文化。公民对法治的真诚信仰是一种重要的精神文明成果，是国家的先进法治文化形态和法治进步状态。

依法治国，以德治国；法安天下，德润人心。实施依法治国基本方略，建设社会主义法治国家，不仅是我国经济发展、社会进步的客观要求，还是巩固党的执政地位、确保国家长治久安、推进国家治理体系和治理能力现代化的根本保障。

法治精神

法令行则国治，法令弛则国乱。一个国家必须有长远的精神支柱作为基础和灵魂，方能长存不亡、长盛不衰、长治久安。法治精神就是重要的精神支柱之一。我们要全面推进依法治国，就必须弘扬、光大法治精神，让法治精神渗入每一位中国人的骨子里。

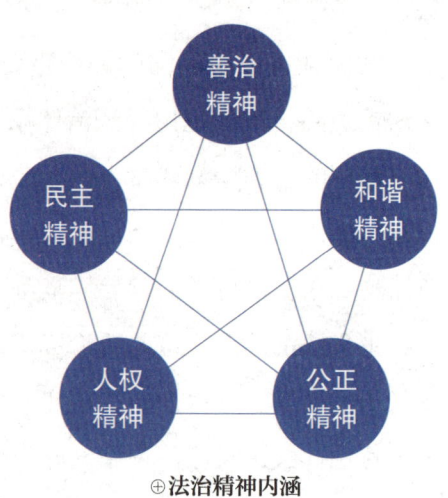

⊕ **法治精神内涵**

家有家规，国有国法。在今天，世界各国各地的法治实践有千般模样、万种形态，但它们的精神是共通的，那就是都要求人们恪守法律所制定的规则。每个人都愿意生活在和谐有序的社会环境中，只有人人都遵守法律所制定的规则，社会才会变得更加温良有序、和谐美好。所以，弘扬和光大法治精神是我们现代人必备的素养。

法律这条准绳，建立于人民，也服务于人民。我们今天所提倡的法治精神是真正地把体现人民群众的意志、保障人民群众的权利作为社会主义法治的灵魂。所以，要弘扬法治精神，就必须以中国特色社会主义为旗帜，必须以依法治国为基本内容，必须以"执政为民、全心全意为人民服务"为本质要求，必须以良法促进我们社会的发展，以良法保障我们国家的善治，使社会主义法治真正地成为良法善治。

⊕《中华人民共和国民法典》

2020年5月28日，十三届全国人大三次会议表决通过了《中华人民共和国民法典》，这是共和国第一部以法典命名的法律，在法律体系中居于基础性地位，也是市场经济的基本法，被称为"社会生活的百科全书"。民法典自2021年1月1日起施行。

同时，我们还要通过各种宣传引导，加大全民普法力度，弘扬法治精神，建设社会主义法治文化，努力让人民在每一个司法案件中都能感受到公平正义，把法律的天平安放于每位公民的心中。

以青少年法治教育推进法治中国建设

青少年接受法治教育，不仅是现代教育体系的重要组成部分，也是法治系统工程的重要环节，在法治中国建设中发挥着独特功能。

从个体的角度讲，青少年法治教育是为了将我们青少年培养成合格的公民。我们青少年既是自己事务的主人，将来

⊕ 为青少年讲解宪法知识（新华社郭晨 摄）

还是国家事务的主人，同样需要参与公共事务，这就需要我们培养现代公民素养，具有参与、决策和负责的能力。青少年法治教育正是让我们从小掌握法律常识、树立法治理念、接受法治精神的滋养，未来成长为支撑法治中国建设的栋梁之材。

从社会的角度讲，青少年法治教育推动着法治社会建设。法治社会建设需要全体中国公民都能知法、守法、奉法。当前，不少公民的法律意识还比较淡薄，部分社会成员诚信意识仍有待提高，某些领域尚存在失序，这都严重妨碍了我国法治社会建设。要解决这些问题，从短期看需要加强执法力度并加大对违法者的惩戒，从长远看则需要强化法治教育，尤其是强化青少年法治教育，让人们从小养成自觉守法、遇事找法、解决问题靠法的思维习惯和行为方式，从而推动诚信、友善、和谐、法治的社会建设。

在全面依法治国的新时代，党和国家对青少年法治教育寄予了深沉的期待，赋予了重大的职责。我们广大青少年有信心也有能力把自己培养成具备法治意识和法治能力的现代公民，能够参与和见证法治中国伟大目标的实现。

"一国两制"伟大构想

香港、澳门和台湾自古以来就是中国的神圣领土。鸦片战争后,列强对中国的侵略致使香港、澳门被帝国主义国家占领,而今我国政府已对香港、澳门恢复行使主权。当前台湾与祖国大陆尚未统一则是多方面原因造成的。解决台湾问题,实现祖国完全统一,是中华民族的根本利益所在,是全体中华儿女的共同愿望。

神圣的庆典

一首《七子之歌》,流露出香港、澳门、台湾等七个地区如同七个流离失所的孩子渴望回到祖国母亲怀抱的强烈情感和愿望。20多年前,悬挂在国家博物馆前的香港、澳门回归祖国的倒计时牌,每天深夜00:00的时候,无论相隔多远,都能听到中国人民振奋的呼声!

⊕香港回归祖国倒计时牌

⊕澳门回归祖国倒计时牌(新华社李学仁 摄)

1997年7月1日,中华人民共和国香港特别行政区政府成立,东方之珠,整夜未眠。从此,每年7月1日就成为香港回归纪念日,庆祝回归祖

⊕ 香港庆祝回归祖国20周年烟花表演

国已成为香港每年一度的盛事。2017年7月1日是香港回归祖国20周年纪念日，这一天举行了庆祝香港回归祖国二十周年大会暨香港特别行政区第五届政府就职典礼，香港特别行政区政府在金紫荆广场举行升旗仪式。当天的香港热闹非凡，由香港各界人士组成的游行队伍从大球场出发，沿东院道、铜锣湾道、伊荣街、怡和街，一直走到轩尼诗道与柯布连道，维多利亚湾还举行了百船巡游和烟花表演。为了增添节日欢愉气氛，筹委会特别邀请了内地知名表演团队到港演出。

⊕ 澳门庆祝回归祖国20周年灯光表演

澳门回归日也叫澳门回归节。1999年12月20日0时，中国和葡萄牙两国政府在澳门文化中心举行政权交接仪式，中国政府正式对澳门恢复行使主权，澳门回归祖国。这是继1997年7月1日香港回归祖国之后，中华民族在实现祖国统一大业上的又一盛事。之后每年的12月20日，澳门都会举行纪念活动。2019年12月20日是澳门回归祖国20周年纪念日，这一天举行了庆祝澳门回归祖国二十周年大会暨澳门特别行政区第五届政府就职典礼，以及丰富多彩的庆典活动。

"一国两制"伟大创新与成功实践

1840年鸦片战争后,中华民族便遭受着四分五裂、水深火热的悲惨命运。中华人民共和国成立时,香港、澳门和台湾尚未与祖国完全统一,但是中国共产党、中国政府、中国人民始终把实现祖国完全统一作为矢志不渝的历史任务。1979年1月,邓小平提出了"一国两制"的构想,简单来说就是在坚持一个中国的前提下,国家的主体坚持社会主义制度,香港、澳门、台湾保持原有的资本主义制度和生活方式长期不变。1982年,宪法增加了关于设立特别行政区的规定,为"一国两制"的实施提供了法律依据,同时,"一国两制"被确定为我国和平统一大业的一项基本国策。

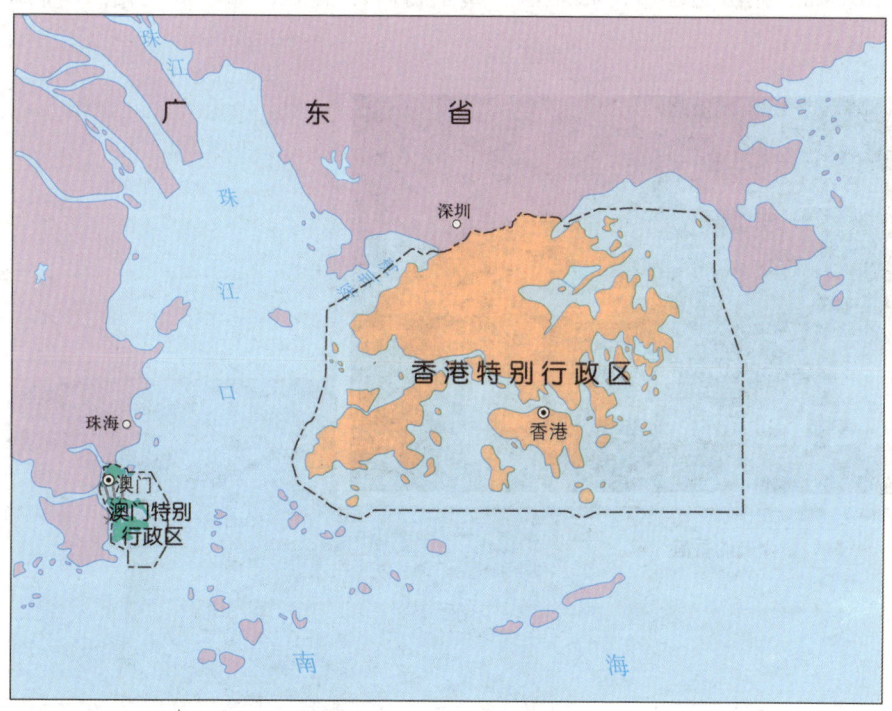

⊕ 香港特别行政区和澳门特别行政区

香港特别行政区地处中国华南、珠江口以东、南海沿岸,北接广东省深圳市,西临珠江口,其余两面与南海邻接。澳门特别行政区北邻广东省珠海市,西与珠海市的湾仔和横琴对望,东与香港隔珠江口相望,南濒南海。

经过一系列积极工作，1984年12月和1987年4月，中国政府分别同英国、葡萄牙政府签署了关于香港和澳门问题的联合声明，用"一国两制"方针圆满解决了香港问题和澳门问题。

"一国两制"是实现祖国和平统一的一项重要制度，是中国特色社会主义的一个伟大创举。在"港人治港""澳人治澳"基本原则下，香港和澳门回归祖国后实行高度自治，一直都保持着繁荣、稳定与发展，这得益于以下三大方面。一是政治方向上明确且坚定。我国是单一制国家，中央对包括香港、澳门特别行政区在内的所有地方行政区域拥有全面管治权，所以说香港、澳门的"高度自治"，并非脱离中央的完全自治，只是享有中央授予的高度自治权。世界上只有一个中国，"一国"是"两制"的前提和基础，宪法是国家的根本法，特别行政区基本法也是根据宪法所制定

⊕ 今天的香港

⊕ 今天的澳门

的，因此特别行政区必须严格依照宪法和基本法办事，中央支持特别行政区政府和行政长官依法施政、积极作为。二是经济大局上互通且共勉。港澳与内地同属一家，经贸合作更是逐年扩大升级。实际上自1962年开始，"一国两制"提出之前，内地基本每天都有三趟载有生活物资的特快列车驶向香港、澳门。转眼几十年，"一带一路"、粤港澳大湾区建设为港澳发展提供了新的重大机遇，"沪港通""深港通"等金融市场互联互通机制的开启也为港澳和内地经济联手发展带来勃勃生机，港珠澳大桥、广深港高铁等重大项目的建设更为港澳和内地的互联互通铺就了光明大道。三是精神文化上契合且壮大。如今越来越多的香港、澳门游客纷纷前往内地旅游度假；很多香港、澳门学生也选择在内地学校就读；内地核酸检测支援队抵达香港同特区政府和市民一道抗击新冠肺炎疫情……种种行动都说明港澳同胞与祖国人民血脉相连、休戚与共。"爱国一家""爱国不分先后"，中华民族的伟大复兴，需要包括港澳同胞在内的全体中国人来共同实现。要发展壮大爱国爱港爱澳力量，让香港、澳门青少年把国家意识植根于内心深处，把中华悠久历史文化和爱国精神传承下去，投身于"一国两制"事业。

⊕广深港高铁（新华社毛思倩 摄）

"一国两制"在香港、澳门获得的成功,证明了这一构想是科学而有效的。实行"一国两制",既有利于实现祖国统一和民族复兴,又有利于促进世界和平与发展。

台湾问题与祖国统一

台湾是中华人民共和国的神圣领土的一部分,大量史书和文献都记载了中国人民早期开发台湾的史实。1894年,日本发动侵略中国的甲午战争,次年迫使战败的清朝政府割让台湾及澎湖列岛。1943年的《开罗宣言》要求日本将东北、台湾、澎湖列岛等归还中国。1945年7月,《波茨坦公告》重申"开罗宣言之条件必将实施",10月,中国政府宣告"恢复对台湾行使主权",中国从法律和事实上收复了台湾。1949年,由于中国内战延续和外部势力干涉,海峡两岸陷入长期政治对立的特殊状态。

⊕台湾地标——台北101大楼

"葬我于高山之上兮,望我故乡;故乡不可见兮,永不能忘!葬我于高山之上兮,望我大陆;大陆不可见兮,只有痛哭!天苍苍,野茫茫,山之上,国有殇!"于右任先生这首爱国诗作怎能不令世界各地的中华儿女裂腹恸心?解决台湾问题,完成祖国统一大业,是历史赋予当代中国人民的神圣使命,是我们中华民族的根本利益所在,是中国共产党矢志完成的重大历史任务。

香港和澳门回归祖国已经表明,坚持"和平统一、一国两制",是解决台湾问题、实现祖国完全统一的最佳方式。台湾和大陆血脉相连,台湾同胞的思乡情感也在海峡间回荡。虽然海峡两岸尚未完全统一，但是这割不断两岸同胞血浓于水的深厚感情。海峡两岸实行的是不同的社会制度，我们应该尊重这个事实，必须坚持"和平统一、一国两制"方针，推动两岸关系和平发展，推进祖国和平统一进程。

⊕ 台湾省

台湾省地处中国大陆东南海域，东濒太平洋，西隔台湾海峡与福建省相望。台湾岛是中国第一大岛。在古代，台湾曾被称为夷洲、流求等。

2014年2月18日，习近平总书记在北京钓鱼台国宾馆会见中国国民党荣誉主席连战及随访的台湾各界人士时指出：两岸同胞是一家人，有着共同的血脉、共同的文化、共同的连结、共同的愿景，这是推动我们相互理解、携手同心、一起前进的重要力量。两岸同胞一家亲，谁也不能割断我们的血脉；两岸同胞命运与共，彼此没有解不开的心结；两岸同胞要齐心协力，持续推动两岸关系和平发展；两岸同胞要携手同心，共圆中华民族伟大复兴的中国梦。相信两岸必将迎来祖国统一大业的光明前景，我们会坚持一个中国原则，坚持"九二共识"，推动两岸同胞为实现中华民族伟大复兴而共同奋斗。

香港国安法进行时

香港回归以来,我国坚定贯彻"一国两制"、"港人治港"、高度自治的方针,香港特别行政区同样负有维护国家安全的宪制责任和立法义务。然而近年来,香港特别行政区国家安全风险凸显,一些不法分子的违法活动严重危害国家主权、统一和领土完整,某些外部势力也借机公然从事危害我国国家安全的活动,并且严重干涉我国内政。党的十九届四中全会明确提出:绝不容忍任何挑战"一国两制"底线的行为,绝不容忍任何分裂国家的行为。就香港目前形势来看,必须从国家层面建立健全香港特别行政区维护国家安全的法律制度和执行机制,改变香港地区在国家安全领域长期"不设防"状况,在宪法和香港基本法的轨道上推进维护国家安全制度建设,加强维护国家安全工作,确保香港"一国两制"事业行稳致远。

为了维护国家主权、安全、发展利益,坚持和完善"一国两制"制度体系,维护香港长期繁荣稳定,保障香港居民合法权益,根据宪法和香港基本法的有关规定,第十三届全国人民代表大会常务委员会第二十次会议于2020年6月30日表决通过《中华人民共和国香港特别行政区维护国家安全法》。国家主席习近平签署主席令予以公布,自公布之日起施行。这部法律共6章、66条,明确规定了香港特别行政区维护国家安全的职责和机构,以及分裂国家罪、颠覆国家政权罪、恐怖活动罪、勾结外国或者境外势力危害国家安全罪四类罪行和处罚等,积极推动解决香港特别行政区在维护国家安全制度方面存在的突出问题,加强专门机构、执行机制和执法力量建设,建立起香港特别行政区维护国家安全的法律制度和执行机制,确保相关法律在香港特别行政区有效实施。时任香港特别行政区行政长官林郑月娥在给香港市民的公开信中表示:"每个国家都需要有维护国家安全的法律,才能确保长治久安和人民生活稳定。现在中央制定特区维护国家安全法律,就是要让香港社会早日回复安定,重拾经济民生发展,走出困局。"

第二章
经济改革创新

经济是一个国家的命脉。党的十八大以来,以习近平同志为核心的党中央准确把握复杂局势,科学判断,正确决策,真抓实干,引领我国经济社会发展取得历史性成就、发生历史性变革,推动中国经济巨轮向着高质量发展目标劈波斩浪、扬帆远航。进入新发展阶段,国内外环境的深刻复杂变化对我国发展既带来一系列新机遇,也带来一系列新挑战。我们要善于在危机中育先机、于变局中开新局,抓住机遇,应对挑战,趋利避害,奋勇前进。

供给侧结构性改革

中华人民共和国成立之初,经济实力还比较落后,毛泽东主席也曾发出"一辆拖拉机都不能造"的感慨。然而今非昔比,经济的快速发展推动我国跃升为世界第二大经济体。进入新时代,我国社会主要矛盾已经转化为人民日益增长的美好生活需要和不平衡不充分的发展之间的矛盾。推进供给侧结构性改革,是破解社会主要矛盾的重要途径。

是什么影响了供需平衡

中国特色社会主义进入新时代,我国社会生产力水平总体上显著提高,社会生产能力在很多方面进入世界前列。而更加突出的问题是发展的不平衡不充分,这已成为满足人民日益增长的美好生活需要的主要制约因素。因为当前人们已经不满足于一般的吃饱穿暖的生活,而是对物质产品、精神产品有了更高层次、更高水平的需求。供给与需求相互依存,消费者的需求不断变化,唯有供给与需求相互适应、相对一致,供需才能平衡。这就好比羊吃草,如果把需求侧比作羊,供给侧则是草。以前草长一茬,羊吃一茬,草不够吃,牧民就开辟新的草场。而现在羊想换换口味,或者是追求营养均衡,不想只吃一种草,牧民就种上了各种各样的草。但是时间长了,羊的营养还是没有跟上,甚至有的羊无草可吃。造成这种局面,是羊太贪吃,还是草不给力?

放眼世界,一个国家的经济政策是以供给侧为重点还是以需求侧为重点,必须依据国家的宏观经济形势作出抉择,不能只谈需求侧或只谈供给侧。改革开放以来，我国政府的宏观管理是侧重于需求侧的，主要强调用好投资、消费与净出口这"三驾马车"来拉动经济增长，也取得了比较满意的效果。当时的经济发展模式以制造业为主，注重追求"从无到有"，人们干劲很足，产量也空前提高，"世界工厂"或者"世界制造业中心"等称号让很多中国人心生骄傲。随着中国经济步入新常态，侧重需求侧宏观管理的弊端也开始暴露出来。有些人认为，制造业就是"熟练工种"，没什么技术含量，资金周转慢，远比不上第三产业光鲜亮丽。这就好比种草这种工作枯燥且单调，越来越多的牧民随大溜，放弃了种草，转而去第三产业寻求新发展，于是造成牧民流失，草场退化。

经济新常态

2014年5月，习近平总书记在河南考察时说："我国发展仍处于重要战略机遇期，我们要增强信心，从当前我国经济发展的阶段性特征出发，适应新常态，保持战略上的平常心态。"同年11月，他在亚太经合组织工商领导人峰会上首次系统阐述了新常态。

经济新常态就是用增长促发展，用发展促增长。经济新常态不是不需要GDP（国内生产总值），而是要创新GDP增长方式；不是不需要增长，而是把GDP增长放在发展模式中定位，使GDP增长成为再生型增长方式、生产力发展模式的组成部分。以新常态来判断当前中国经济的特征，并将它上升到战略高度，表明中央对当前中国经济增长阶段变化规律的认识更加深刻，正在对宏观政策的选择、行业企业的转型升级产生方向性、决定性的重大影响。

"三去一降一补"

没有需求，供给就无从实现，新的需求可以催生新的供给；没有供给，需求就无法满足，新的供给可以创造新的需求。需求侧管理，重在解决总量性问题；供给侧管理，重在解决结构性问题。我们普遍认为供给侧主要包括劳动力、土地、资本、创新等要素，同时还受到政府的调

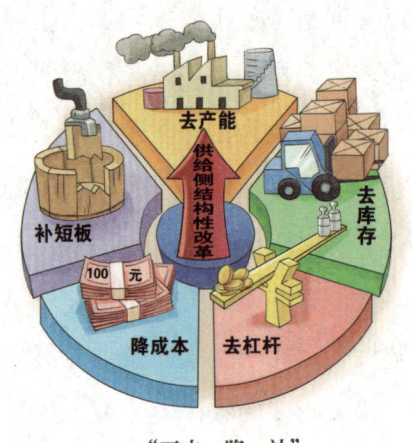

"三去一降一补"

控作用。当前和今后一个时期，我国经济发展所面临的问题，主要在于供给侧。同样拿羊吃草来说，无论草场如何变化，羊要吃草已成既定现实，牧民必将在草的身上下功夫。供给侧结构性改革的重中之重是通过制度创新，一方面发挥市场配置资源的决定性作用，既着眼当前又立足长远；另一方面还要更好地发挥政府作用，释放劳动力、土地、资本、创新这些要素的活力，丰富产品供给，推动产业结构升级，以"破""立""降"三只大手持续推进"去产能、去库存、去杠杆、降成本、补短板"。

去产能，也就是淘汰落后、过剩产能。落后、过剩产能会带来资源浪费和环境污染，像钢铁、煤炭、水泥、电解铝等重工业，按"多兼并重组，少破产清算"原则优化资源配置，而那些靠补贴和贷款"喘息"又没什么产值

"去产能"，河北霸州两家民营钢企整体退出
（新华社王晓 摄）

的"僵尸企业"则陆续淘汰。适当给草场除除杂草，有利于营养成分的集中。去库存，主要说的是减少房地产行业的库存。当前某些地区房地产市场已形成了供过于求的局面，房子卖不出去，房价还居高不下。有人想来草场养羊，要么买不起房，居无定所，要么把钱都投在买房上，无力经营，长此以往，轻则造成劳动力滑坡，重则引发金融危机。房子

是用来住的，不是用来"炒"的，倒不如先解决好"有房无人住，有人无房住"的问题。去杠杆，通俗讲就是降低负债率。"杠杆"比喻的是"以小博大"的负债经营，经营草场需要大量资金，牧民手中钱又不够，就得通过借钱来"撬动"这个巨大项目。各种产业都免不了负债，负债越重，偿还压力越大，金融风险自然增大。所以"去杠杆"就是尽量避免政府和企业负债经营，即便负债也要改善债务结构，尽可能把风险控制在有限范围内，以免恶性循环。降成本，降的是实体经济企业的生产成本。受市场需求缩小和"高成本时代"的两面夹击，很多企业效益下降，命悬一线。从客观上说，行政管理、财政税收的改革能在一定程度上帮助企业降低成本；从主观上讲，企业自身也要积极探索创新，实打实地搞产业升级，打造出新动能、新技术、新模式、新业态，以低成本拿下高质量。补短板，即给一些被忽视或滞后领域增加有效供给。具体来说就是做好生态建设、精准扶贫、培育发展新产业、基础设施建设、人力资本投资、农村发展等助攻工作。"三去一降一补"的目标，就是不但让草场恢复元气，也让羊壮硕肥美。

打好供给侧结构性改革这场硬仗

习近平总书记强调，推进供给侧结构性改革是一场硬仗，要以锐意进取、敢于担当的精神状态，脚踏实地、真抓实干的工作作风，打赢这场硬仗。事实证明，我国不是需求不足，更不是没有需求，而是需求变了，供给的产品却没有变，质量、服务没有提高，达不到消费者的要求，甚至"需求外溢"，消费者不得不花钱买进口货。党的十九大之后，推动高质量发展成为新的方向，由"从无到有"向"从有到优"升级。供给侧结构性改革则在推动高质量发展的过程中起着重要的支撑作用。

推进供给侧结构性改革能够增强供给对需求变化的适应性和灵活性，不断让新的需求催生新的供给，让新的供给创造新的需求，羊想吃什么样的草牧民都能种出来，而且还能拿出更棒的草使羊更爱吃。近年来，随着供给侧结构性改革的深入推进，我国的经济结构不断优化，取得显著成效，彰显着中国经济迈向高质量发展坚定的信心与十足的底气，在引领全球经济治理中也发挥着积极作用。2016年的G20杭州峰会将"结构性改革"写入成果文件，列入全球经济治理行动指南；2020年上半年新冠肺炎疫情肆虐，全球经济遭受重创，我国政府采取有效措施顶住了冲击，生产企业有序复工复产，经济平稳甚至逆流而上；2020年5月14日，中共中央政治局常务委员会召开会议，首次提出"深化供给侧结构性改革，充分发挥我国超大规模市场优势和内需潜力，构建国内国际双循环相互促进的新发展格局"，这既是中国经济高质量发展的内在需要，又是全球经济再平衡的客观要求，更需要我们充分发挥体制机制优势，努力在关键领域实现突破。国际社会普遍认为，中国已经成为全球结构性改革的引领者。

⊕中欧班列成为后疫情时代中欧经贸往来日益密切的缩影（新华社魏培全 摄）

新发展格局

自 2020 年"两会"以来,习近平总书记多次在讲话中提到,要逐步形成以国内大循环为主体、国内国际双循环相互促进的新发展格局。以国内大循环为主体,意味着要着力打通国内生产、分配、流通、消费的各个环节,发挥中国超大规模市场优势,以满足国内需求作为经济发展的出发点和落脚点;国内国际双循环相互促进,强调通过发挥内需潜力,使国内市场和国际市场更好地联通、促进。

供给侧结构性改革是一个重大的时代命题,需要处理好短期与长期、整体性与差异性等多个关系。我国的供给侧结构性改革既有短期任务,也有长期战略,既要做好打持久战的准备,又要组织好重点领域的歼灭战。从短期来看,要完成好"三去一降一补"的战术任务;从长期来看,要以转变经济发展方式为目标,落实"创新、协调、绿色、开放、共享"的新发展理念,优化存量资源配置,扩大优质增量供给,实现供需动态平衡。

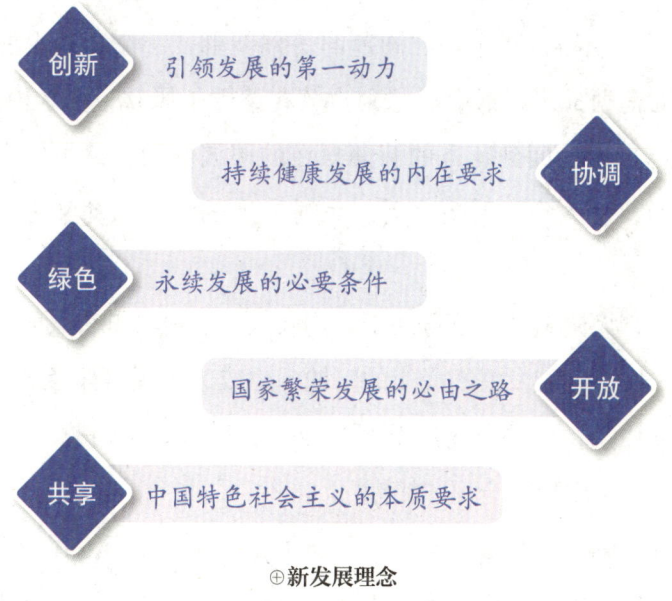

⊕ 新发展理念

乡村振兴

农业是我们的衣食之源，也是整个国民经济的基础。我国是一个农业大国，农业人口占全国总人口的比例很大，没有农业和农村的现代化就不可能有国家的现代化。就我国现状来看，农村经济仍相对薄弱。全面建成小康社会，解决好"三农"问题是关键，实施乡村振兴战略势在必行。同时，我国要切实做好巩固拓展脱贫攻坚成果同乡村振兴有效衔接，加快农业农村现代化。

实施乡村振兴战略的基本要求

说起乡村，我们总能联想到"日长篱落无人过，唯有蜻蜓蛱蝶飞"那片白日下的宁静，联想到"湖莲旧荡藕新翻，小小荷钱没涨痕"那幅黄梅时节的荷塘掠影，或者联想到"黄花菜圃午风软，绿水秧畦春野平"那种微风拂过便能闻到花香的慵懒自在的田园生活。诗里的乡村总是美好的，然而，从人类文明史来看，乡村发展的滞后性却又是一个世界性的问题。

在我国，无论是经济总量还是人均收入，农村与城市之间的差距仍然比较明显。城乡区域发展不平衡的问题，也成为我国整体经济发展道路上的坎。长期以来，党中央高度重视农业、农村和农民问题，坚持"三农"优先发展，让贫困地区全部"摘帽"。

农业强不强、农村美不美、农民富不富，关乎亿万农民的获得感、幸福感、安全感，关乎全面建成小康社会全局。党的十九大正式提出乡村振兴战略的"二十字总要求"——产业兴旺、生态宜居、乡风文明、治理有效、生活富裕。制定实施乡村振兴战略,有利于从根本上解决我国农业不发达、农村不兴旺、农民不富裕的"三农"问题,实现农业农村现代化,让农业成为有奔头的产业,让农民成为有吸引力的职业,让农村成为安居乐业的美丽家园。

旧貌

新颜

农村的旧貌与新颜

乡村振兴"三步走"

早在20世纪80年代,党中央就提出了经济建设的"三步走"战略,即从解决人民的温饱问题,到人民生活达到小康水平,再到基本实现现代化,人民过上比较富裕的生活。当前,农村贫困人口全部脱贫,为实现全面建成小康社会目标任务作出了关键性贡献。按照十九大确立的分两个阶段实现第二个百年奋斗目标的战略安排,中央农村工作会议明确了乡村振兴"三步走"的目标任务。

第一步,到 2020 年,乡村振兴取得重要进展,制度框架和政策体系基本形成。

第二步,到 2035 年,乡村振兴取得决定性进展,农业农村现代化基本实现。

第三步,到 2050 年,乡村全面振兴,农业强、农村美、农民富全面实现。

⊕ 乡村振兴"三步走"

　　从经济条件和现代化发展速度上来说,乡村无法与城市比拟,但乡村有着得天独厚的物产资源、旅游资源等。从这一点出发,乡村振兴首先要激活和振兴乡村的产业,在建立健全城乡融合发展体制机制和政策体系的基础上,加快推进农业农村现代化,谱写新时代乡村全面振兴新篇章。

全国各地的乡村千差万别,但都有各自的自然资源禀赋,有各自的产业发展特点,也有各自的民俗文化传承。"美丽乡村"是乡村振兴战略的关键词,为推进乡村振兴战略的实施,进一步推进生态文明和美丽中国建设,自 2013 年初开始,各地积极开展美丽乡村建设的探索和实践,涌现出一大批各具特色的典型模式。2014 年,国家发布了美丽乡村建设十大模式:产业发展型、生态保护型、城郊集约型、社会综治型、文化传承型、渔业开发型、草原牧场型、环境整治型、休闲旅游型、高效农业型。无论哪一种类型的乡村,都应该充分挖掘各自的潜能,发挥各自的特长,齐头并进搞发展,一个也不能掉队。

⊕乡村振兴示范村——四川成都郫都区战旗村

实施乡村振兴战略的重点工作

实施乡村振兴战略,推动乡村走现代化发展道路,重点有以下几方面工作。

加快推进农业现代化。传统的农业生产方式基本上都是手工劳作,效率低下,需要进行现代化改造。改造要从根上改,应该把一家一户的小农生产和现代农业有机融合起来,再培育出各类专业化、市场化服务组织,像培训班一样为农业生产提供全过程社会化服务,帮助小农户节约成本、增加效益。此外,农村在发展农业的同时,也要注重发展农产品加工业,或者扶持小农户发展生态农业、设施农业、体验农业、定制农业等,这样既可以提高农产品档次和附加值,又能拓展增收空间。

⊕农产品加工,提高农产品附加值（新华社 宋彦桦 摄）

⊕提供游客田间采摘项目,拓展增收空间

深化农村改革。我国的改革首先从农村开始。20世纪80年代初期实行的家庭联产承包责任制,土地所有权归集体,承包经营权归农户,也就是"两权分离",农民生产出来的粮食"交够国家的,留足集体的,剩下的全是自己的",这在很大程度上调动了农民生产的积极性,极大地提高了粮食产量,也有效解决了温饱问题。随着工业化、城镇化的深入推进,农村劳动力大量转移进城,到第二、第三产业就业,相当一部分农户将土地流

⊕现代化农田

转给他人经营，但自己又想保留承包权。为顺应农民保留土地承包权、流转土地经营权的意愿，仍然要通过深化农村土地制度改革，进一步实现承包主体与经营主体分离，完善农地"三权分置"制度、农业支持保护制度、农村土地利用管理政策体系，保障农民的合法权益，着力推进农业现代化，激活乡村振兴的动能。这是继家庭联产承包责任制后农村改革的又一波重大制度创新。

农地"三权分置"

农地"三权分置"指形成所有权、承包权和经营权分置，经营权流转的格局。所有权、承包权和经营权既存在整体效用，又有各自功能，"三权分置"这一制度安排坚持土地集体所有权、稳定农户承包权、放活土地经营权。实施"三权分置"的重点是放活土地经营权，核心要义是明晰赋予经营权应有的法律地位和权能。

培育农村人才队伍。改革开放以来，我国城镇化快速推进，大批年轻力壮的农民进城务工，留下老人和儿童，造成农村劳动力匮乏。实施乡村振兴战略关键要靠懂农业、爱农村、爱农民的带头人。一方面要培育新型职业农民，让农民具备现代农业知识，熟悉市场经济规律，掌握现代科学技术，培养他们的开拓精神和广阔视野，做到人尽其才；另一方面要加强人才引进，吸引党政干部、企业家、专家学者、医生教师、规划师、建筑师、律师等技能人才，通过下乡担任志愿者、投资兴业、行医办学、捐资捐物、法律服务等方式服务乡村振兴事业。

⊕技术人员为农民演示无人机在种植过程中的应用

美丽乡村建设十大模式

1. 产业发展型。主要在东部沿海等经济相对发达地区，其特点是：产业优势和特色明显，农民专业合作社、龙头企业发展基础好，产业化水平高，初步形成"一村一品""一乡一业"，实现农业生产聚集、农业规模经营，农业产业链条不断延伸，产业带动效果明显。典型案例：江苏张家港市南丰镇永联村。

2. 生态保护型。主要在生态优美、环境污染少的地区，其特点是：自然条件优越，水资源和森林资源丰富，具有传统的田园风光和乡村特色，生态环境优势明显，把生态环境优势变为经济优势的潜力大，适宜发展生态旅游。典型案例：浙江安吉县山川乡高家堂村。

3. 城郊集约型。主要在大中城市郊区，其特点是：经济条件较好，公共设施和基础设施较为完善，交通便捷，农业集约化、规模化经营水平高，土地产出率高，农民收入水平相对较高，是大中城市重要的"菜篮子"基地。典型案例：上海松江区泖港镇。

4. 社会综治型。主要在人数较多、规模较大、居住较集中的村镇，其特点是：区位条件好，经济基础强，带动作用大，基础设施相对完善。典型案例：天津大寺镇王村。

5. 文化传承型。主要在具有特殊人文景观，包括古村落、古建筑、古民

居以及传统文化的地区,其特点是:乡村文化资源丰富,具有优秀民俗文化以及非物质文化,文化展示和传承的潜力大。典型案例:河南洛阳市孟津县平乐镇平乐村。

6.渔业开发型。主要在沿海和水网地区的传统渔区,其特点是:产业以渔业为主,通过发展渔业促进就业,增加渔民收入,繁荣农村经济,渔业在农业产业中占主导地位。典型案例:甘肃天水市武山县。

7.草原牧场型。主要在我国牧区半牧区县(旗、市),占全国国土面积的40%以上,其特点是:草原畜牧业是牧区经济发展的基础产业,是牧民收入的主要来源。典型案例:内蒙古太仆寺旗贡宝拉格苏木道海嘎查。

8.环境整治型。主要在农村脏乱差问题突出的地区,其特点是:农村环境基础设施建设滞后,环境污染问题严重,当地农民群众对环境整治的呼声高、反应强烈。典型案例:广西恭城瑶族自治县莲花镇红岩村。

9.休闲旅游型。主要在适宜发展乡村旅游的地区,其特点是:旅游资源丰富,住宿、餐饮、休闲娱乐设施完善齐备,交通便捷,距离城市较近,适合休闲度假,发展乡村旅游潜力大。典型案例:江西婺源县江湾镇。

10.高效农业型。主要在我国的农业主产区,其特点是:以发展农业作物生产为主,农田水利等农业基础设施相对完善,农产品商品化率和农业机械化水平高,人均耕地资源丰富,农作物秸秆产量大。典型案例:福建漳州市平和县三坪村。

⊕美丽乡村

区域协调发展

我国地域广袤、人口众多，在自然地理和历史人文等多种因素的综合作用下，西部、东北部、中部、东部地区的区域差异和发展不平衡现象客观存在。我国充分发挥各区域的优势以缩小不同地区的差异，推动西部大开发形成新格局，推动东北振兴取得新突破，促进中部地区加快崛起，鼓励东部地区加快推进现代化，推进京津冀协同发展、长江经济带发展、粤港澳大湾区建设、长三角一体化发展等，共绘区域协调发展之新画卷。

西部大开发

一个木桶能装多少水，取决于最短的那块木板。我国要实现现代化，不仅仅包括中东部的现代化，还包括西部的现代化。2000年1月，我国吹响了西部大开发的号角。这号角声如同雄鸡报晓，让西部地区为自身发展的需要而劳作起来；这号角声更是冲锋号，激励着西部地区为改善全国生态环境、实施可持续发展战略而冲锋向前。

区域的发展离不开相关政策的鼓励和支持。西部大开发战略实施以来的20年间，我国政府出台了一系列政策支持西部地区的发展，包括税收优惠、财政转移支付、基础设施投入、信贷优惠等，促进了西部地区经济的增长，在缩小西部地区与其他地区经济发展差距、促进中国经济协调发展方面发挥了重要作用。青藏铁路的通车，给这曾经荒芜一片的地带打通了一条发展之路；西电东送、西气东输，让蕴藏在无人区的宝贵资源给全国加油充电；生态工程的实施，也逐渐给这片沙漠戈壁披上了生命的绿装，让它焕发出青春的活力。

⊕青藏铁路

⊕宁夏某公路旁的风力发电设施

特高压输电技术

特高压输电是我国"西电东送"运用的一项创新技术，这种技术"特"就"特"在输出的电压特高、输送的容量特大、传输的距离特远，可想而知这项技术研发难度有多大，对绝缘材料、变压器的要求有多严格。国家电网联合160多家单位，经过十余年的不懈努力，完成140余项关键技术研究，创造了多个"世界之最"。青海—河南特高压直流工程全面突破了新能源高比例大规模送出、高海拔地区特高压直流输电等关键技术，是世界上首个以输送新能源为主的特高压输电大通道。

党的十八大以来，在以习近平同志为核心的党中央坚强领导下，西部地区经济社会发展取得重大历史性成就，为决胜全面建成小康社会奠定了比较坚实的基础，也扩展了国家发展的战略回旋空间。2020年，西部地区生态环境、营商环境、开放环境、创新环境明显改善。计划到2035年，西部地区基本实现社会主义现代化，基本公共服务、基础设施通达程度、人民生活水平与东部地区大体相当，努力实现不同类型地区互补发展、东西双向开放协同并进、民族边疆地区繁荣安全稳固、人与自然和谐共生。

⊕ 西部大开发示意图

东北振兴

东北,总是让人联想到一种热情好客、幽默爽朗的地域风情。这片黑土地不仅是中华文明发源地之一,还是大型工业区,我国很多生产生活物资都产自这里。人们常说的东北老工业基地则指东北地区以煤炭、钢铁、石油、机械制造以及森林采伐业、军事工业为主要内容的重工业地区,包括辽宁、吉林、黑龙江三省,以及内蒙古自治区的东部。

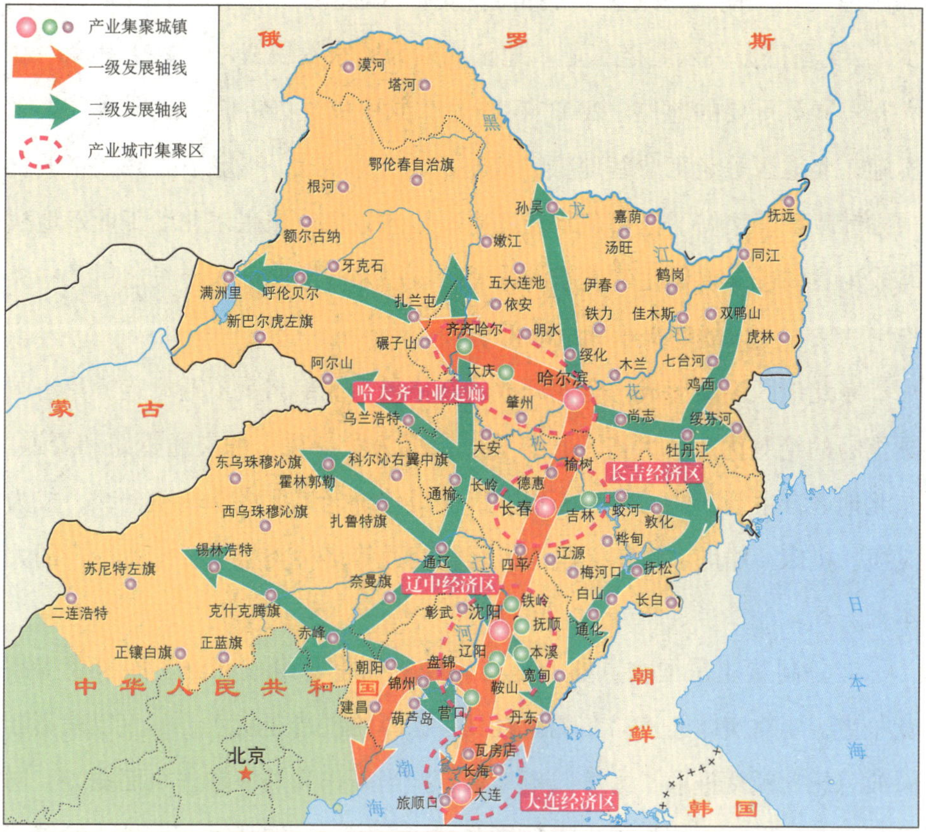

⊕ 东北老工业基地范围

⊕ 东北某工厂厂房中的设备

⊕ 大庆油田

东北地区的经济在我国国民经济中曾一直处于重要的地位。改革开放后，东部沿海地区发展跑在前面，成了我国现代化建设的"领头羊"，后来西部大开发使西部地区发展奋起直追。而经济发展"一个地方也不能少"，我国把振兴东北老工业基地正式列为国家发展战略，赋予其和西部大开发同等重要的地位。2003年10月，党中央、国务院正式印发《关于实施东北地区等老工业基地振兴战略的若干意见》，制定了振兴战略的各项方针政策，吹响了振兴东北老工业基地的号角。振兴东北老工业基地战略成为我国进入现代化建设新的发展阶段以来，继西部大开发之后党中央作出的又一重大战略决策和战略部署。

东北地区逐渐形成了全面开放的新格局，北部与俄罗斯毗连，具备国际贸易的绝对优势，大连、长春等城市成为贸易往来的交通枢纽和要道。东北地区自主创新能力的不断提升，使得传统老工业成功转型升级，成为飞机、机床、船舶、重工、电力、轻轨交通等多种类型重要工业生产的大本营。

装备制造业是国之重器，是实体经济的重要组成部分。国家要提高竞争力，要靠实体经济。东北地区具备深厚的制造业功底，一直以来不断解放思想、锐意进取，力争以新气象新担当新作为加快推进全面振兴。同时，东北地区坚持把保护生态环境摆在优先位置，加强生态保护、调整产业结构、发展绿色经济，以"绿色发展"理念重塑环境、重振雄风，实现山明水秀、云净天蓝，形成对国家重大战略的坚强支撑。

中部地区崛起

我国的中部地区（山西、河南、安徽、湖北、江西、湖南）千百年来一直是中华文明传承发展的中心，而且起着承东启西、接南进北、吸引四面、辐射八方的作用。中部地区耕地面积只占全国耕地面积的四分之一左右，但农业资源丰富，全国超三成的粮食、超四成的棉花和超四成的油料均产自中部地区，这里是中国重要的种植养殖业基地，也是中国重要的农业商品生产基地和输出基地；中部地区水电资源丰富，是中国重要的水电工业基地；中部地区传统工业密集，资产存量大，是中国重要的汽车、钢铁生产基地。

改革开放以来，中部地区发展速度明显比东部地区要迟缓得多，特别是刚进入21世纪时，中部地区发展呈现出缓慢"塌陷"的趋势。作为祖国的中心地带，中部地区显然是不甘落后的。党的十六届三中全会提出要有效发挥中部地区综合优势，支持中西部地区加快改革发展，整合资源，优化结构，有效发挥中国经济的整体效率，增强国家内在竞争力。2006年3月，中共中央政治局会议专门研究和部署了促进中部地区崛起的工作，并于4月正式付诸实施。

国家发展和改革委员会2016年印发的《促进中部地区崛起"十三五"规划》中提出推进"城市群壮大计划"，即发展壮大长江中游城市群、中原城市群、皖江城市带、山西中部城市群，加大对内外开放力度，有序承接国际及沿海地区产业转移，加快新型工业化进程，健全功能完备、布局合理的城镇体系，形成经济充满活力、生活品质优良、生态环境优美的新型城市群。中部地区崛起势头正劲，中部地区发展大有可为。做好中部地区崛起工作，对实现全面建成小康社会奋斗目标、开启我国社会主义现代化建设新征程具有十分重要的意义。中部地区更要乘势而上，以扎实的工作有力推动崛起事业再上新台阶。

京津冀协同发展

一个书架整整齐齐码放着书本，看起来舒心悦目，但要是把各种摆件全放上来，则显得零乱，书架也"吃不消"。北京就像这个"超负荷"书架一般，除肩负"政治中心、文化中心、国际交往中心、科技创新中心"的首都核心功能外，还承受着很多非首都功能。方方面面混杂在一起的发展与建设，确实让北京这个 1.6 万多平方千米的直辖市"压力山大"。

北京、天津、河北同属京畿重地，战略地位十分重要，区域常住总人口已超过 1 亿。在全国经济发展的大趋势下，京津冀地区各城市都面临着生态环境持续恶化、城镇体系发展失衡、区域与城乡发

⊕ 京津冀地区

展差距有扩大趋势等突出问题。好在京津冀地缘相接、人缘相亲，地域一体、文化一脉，历史渊源深厚、交往半径相宜，有着非常好的融合基础和条件，实现京津冀协同发展、创新驱动，推进区域发展体制机制创新，是面向未来打造新型首都经济圈、实现国家发展战略的需要。

⊕ 京津冀协同发展主题花坛：《协同发展》

花坛由北京的祈年殿、天津的解放桥、河北的山海关组成，寓意统筹规划、协同发展。

牵牛要牵牛鼻子，推进京津冀协同发展，就要牵住"疏解北京非首都功能"这个"牛鼻子"，"立足各自比较优势、立足现代产业分工要求、立足区域优势互补原则、立足合作共赢理念""以京津冀城市群建设为载体、以优化区域分工和产业布局为重点、以资源要素空间统筹规划利用为主线、以构建长效体制机制为抓手"，从广度和深度上加快京畿"三兄弟"发展进程。

调整区域经济结构和空间结构是区域协调发展的思路和手段。2017年4月，河北雄安新区的设立无疑是党中央作出的一项重大的历史性战略决策。雄安新区是继深圳经济特区和上海浦东新区之后又一具有全国意义的新区，是千年大计、国家大事。从集中疏解北京非首都功能到雄安新区横空出世，京津冀正朝着协同发展的目标有力迈进。

⊕ 建设中的雄安新区（新华社邢广利 摄）

京津冀始终在对外开放上不断发力，天津、河北、北京先后于2015年4月、2019年8月、2020年9月正式成立自由贸易试验区，着力构建京津冀协同发展的高水平对外开放平台，抱团参与"一带一路"建设，坚持稳妥有序原则，共建、共享境内外合作园区。

自由贸易试验区

　　自由贸易试验区内允许外国船舶自由进出，外国货物免税进口，取消对进口货物的配额管制，也是自由港的进一步延伸，是一个国家对外开放的一种特殊的功能区域。自2013年9月中国（上海）自由贸易试验区成立至2020年9月，我国分批次陆续批准了22个自由贸易试验区，初步形成了东西南北中协调、陆海统筹的开放态势，推动形成了我国新一轮全面开放格局。

长江经济带发展

　　中部地区虽然没有与海洋为邻，但母亲河长江、黄河从中穿行。党的十八大以来，中部地区崛起战略恰逢新的机遇——长江经济带发展。2015年3月，《推动共建丝绸之路经济带和21世纪海上丝绸之路的愿景与行动》发布，要求利用内陆纵深广阔、人力资源丰富、产业基础较好的优势，依托长江中游城市群、中原城市群等重点区域，推动区域互动合作和产业集聚发展。有了这些重要指示，区域协调发展开始比翼齐飞，初步形成了"你追我赶、携手共进"的局面。

⊕ 长江经济带

2016年9月,《长江经济带发展规划纲要》正式印发,确立了长江经济带"一轴、两翼、三极、多点"的发展新格局。"一轴"指以长江黄金水道为依托,发挥上海、武汉、重庆的核心作用,以沿江主要城镇为节点,构建沿江绿色发展轴;"两翼"指发挥长江主轴线的辐射带动作用,向南北两侧腹地延伸拓展,提升南北两翼支撑力;"三极"指以长江三角洲城市群、长江中游城市群、成渝城市群为主体,发挥辐射带动作用,打造长江经济带三大增长极;"多点"指发挥三大城市群以外的地级城市的支撑作用,以资源环境承载力为基础,不断完善城市功能,发展优势产业,建设特色城市,加强与中心城市的经济联系与互动,带动地区经济发展。

万里长江浩荡奔流,出世界屋脊,跨峻岭险滩,纳千湖百川。长江经济带践行新发展理念、构建新发展格局、推动高质量发展,不但在努力打造区域协调发展新样板,还绘就着山水人城和谐相融的新画卷。风景如画、生机盎然的长江经济带正成为我国生态优先绿色发展主战场、畅通国内国际双循环主动脉、引领经济高质量发展主力军。

同长江一样,黄河也是中华民族的母亲河,是中华民族的根和魂。作为我国丰富水资源的最主要发源地的黄河,却面临着诸多生态问题,影响着经济的发展和人们的生活。加强黄河治理保护,解决好黄河流域生态问题,推动黄河流域高质量发展,对维护社会稳定、促进民族团结具有重要意义。

推动黄河流域生态保护和高质量发展

黄河落天走东海,万里写入胸怀间。黄河是中华民族的母亲河,保护黄河是事关中华民族伟大复兴和永续发展的千秋大计。黄河流域是我国重要的生态屏障和重要的经济地带,是打赢脱贫攻坚战的重要区域。黄河流域生态保护和高质量发展,同样是重大国家战略。

黄河宁，天下平。黄河流域在我国经济社会发展和生态安全方面具有十分重要的地位。党的十八大以来，以习近平同志为核心的党中央着眼于生态文明建设全局，明确了"节水优先、空间均衡、系统治理、两手发力"的治水思路，黄河流域经济社会发展和百姓生活发生了很大的变化。

善弈者谋势，善治者谋全局。加强黄河治理保护，推动黄河流域高质量发展，积极支持流域省区打赢脱贫攻坚战，解决好流域人民群众特别是少数民族群众关心的防洪安全、饮水安全、生态安全等问题，对维护社会稳定、促进民族团结具有重要意义。实践证明，只有在中国共产党领导下，发挥社会主义制度优势，才能真正实现黄河治理从被动到主动的历史性转变。奋进新时代、筑梦新征程，加强黄河治理保护，推动黄河流域高质量发展，是亿万人民的共同愿望，是我们迈向高质量发展的必然要求。

推动黄河流域生态保护和高质量发展，非一日之功。只要我们保持历史耐心和战略定力，既谋划长远，又干在当下，一张蓝图绘到底，一茬接着一茬干，我们就一定能让黄河成为造福人民的幸福河。

粤港澳大湾区建设

"罗浮山下四时春，卢橘杨梅次第新。日啖荔枝三百颗，不辞长作岭南人。"苏轼笔下的"岭南"就是今天广东一带。广东是我国改革开放的前沿阵地，自1989年起，广东的经济总量稳居全国第一位，已达到中上等收入国家水平，成为中国第一经济大省；位于珠江口以东的香港则是国际金融、航运、贸易中心和国际航空枢纽，拥有高度国际化、法治化的营商环境以及遍布全球的商业网络，是全球最自由经济体之一；位于珠江口以西的澳门是世界旅游休闲中心，也是国际经贸文化交流的重要平台。从地理位置上看，香港、澳门好似珠江口的两扇大门，为粤港澳地区开启着文化互通之门，开启着经济腾飞之门。

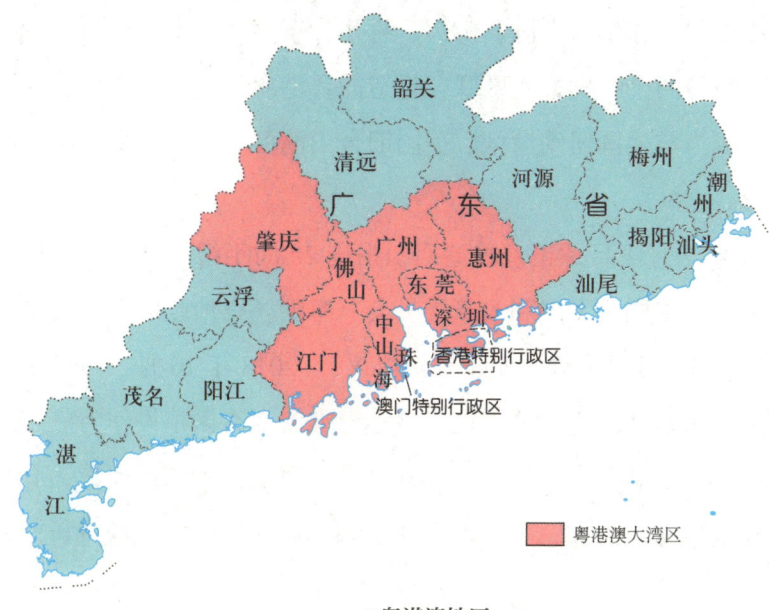

⊕ 粤港澳地区

改革开放以来,特别是香港、澳门回归祖国后,粤港澳合作热度越来越高。2012年12月,习近平总书记在党的十八大后离京考察首站就来到广东,他指出,希望广东联手港澳打造更具综合竞争力的世界级城市群。

⊕ 深圳风光

这就是由广州、深圳、珠海、佛山、惠州、东莞、中山、江门、肇庆九市和香港、澳门两个特别行政区联合打造的粤港澳大湾区，它将建成世界级城市群，成为与美国纽约湾区、美国旧金山湾区、日本东京湾区并肩的世界四大湾区之一。

2017年7月1日，正值香港回归祖国20周年纪念日，在习近平总书记亲自见证下，国家发展和改革委员会、粤港澳三地政府在香港签署《深化粤港澳合作 推进大湾区建设框架协议》。2018年10月，习近平总书记再次踏上广东这片热土。他强调，要把粤港澳大湾区建设作为广东改革开放的大机遇、大文章，抓紧抓实办好。推进粤港澳大湾区建设，有利于深化内地和港澳交流合作，对岭南宝地协调发展和港澳地区保持长期繁荣稳定具有重要意义。

长三角一体化发展

长三角，即长江三角洲，从地理角度看，这里是长江入海之前的冲积平原，而从国家发展战略角度看，长三角地区是我国经济发展最活跃、开放程度最高、创新能力最强的区域之一，在国家现代化建设大局和全方位开放格局中具有举足轻重的战略地位。推动长三角一体化发展，增强长三角地区创新能力和竞争能力，提高经济集聚度、区域连接性和政策协同效率，对引领全国高质量发展、建设现代化经济体系意义重大。2018年11月5日，习近平主席在首届中国国际进口博览会上宣布，支持长江三角洲区域一体化发展并上升为国家战略，着力落实新发展理念，构建现代化经济体系，推进更高起点的深化改革和更高层次的对外开放，同"一带一路"建设、京津冀协同发展、长江经济带发展、粤港澳大湾区建设相互配合，完善中国改革开放空间布局。

长三角一体化发展规划范围包括上海市、江苏省、浙江省、安徽省全域。以上海市，江苏省南京、无锡、常州、苏州、南通、扬州、镇江、盐城、泰州，浙江省杭州、宁波、温州、湖州、嘉兴、绍兴、金华、舟山、台州，安徽省合肥、芜湖、马鞍山、铜陵、安庆、滁州、池州、宣城27个城市为中心区，辐射带动长三角地区高质量发展。以上海青浦、江苏吴江、浙江嘉善为长三角生态绿色一体化发展示范区，示范引领长三角地区更高质量一体化发展。以上海临港等地区为中国（上海）自由贸易试验区新片区，打造与国际通行规则相衔接、更具国际市场影响力和竞争力的特殊经济功能区。

实施长三角一体化发展战略，是引领全国高质量发展、完善我国改革开放空间布局、打造我国发展强劲活跃增长极的重大战略举措。大江奔流千帆竞，长三角一体化发展战略实施以来，成果颇丰，一体化示范区携手打造"黄金三角"，从"隔江相望"到"跨江融合"，都市圈加强协作。长三角着眼于"一盘棋"整体谋划，进一步发挥上海龙头带动作用，苏浙皖各扬所长，构建区域联动协作、城乡融合发展、优势充分发挥的协调发展新格局。长三角三省一市上演的这场"大合唱"，也给其他地区区域间合作带来了动力，让全国区域协调发展进程一路"高歌猛进"。

⊕上海浦东新区

推动全面开放新格局

当今世界已经成为你中有我、我中有你的地球村，各国经济社会发展相互联系、相互影响，推进互联互通、加快融合发展成为促进共同繁荣发展的必然选择。开放是中国经济腾飞的一个秘诀，也是中国全面建成小康社会的一件法宝。踏着改革开放这铿锵有力的步伐，我国开放的潮流滚滚向前，与国际互联互通、共建共享已是时代之需，更是国家繁荣发展的必由之路。

⊕改革开放给深圳带来的巨变（新华社发）

对外开放新格局

历史告诉我们，一个国家要繁荣，必须把握和顺应世界发展的大势。现在的世界是一个开放的世界，开放是世界经济发展的历史趋势。顺流者昌，逆流者亡，任何一个国家和地区都不可能在封闭的状态下发展。

人类文明源远流长，各个国家和民族都为人类文明作出了自己的贡献。资本主义经过了几百年的发展，一些发达资本主义国家在经济、科技、教育、文化和社会管理等很多方面都积累了丰富的经验，留下了许多重要的文明成果。社会主义是一个相对崭新的社会制度，但不是凭空产生的，它的发展建立在继承和吸收包括资本主义创造的全部人类文明成果基础之上。

1978年党的十一届三中全会作出了对外开放的重大决策。改革开放的总设计师邓小平明确地指出："经验证明，关起门来搞建设是不能成功的，中国的发展离不开世界。"他还强调，对内经济搞活，对外经济开放，不是短期的政策，而是长期的政策，即使是变，也只能变得更加开放。机遇总是留给有准备的人，我们不能再错失良机。自此以后，我国逐渐形成了全方位、多层次、宽领域的对外开放新格局。

⊕中共十一届三中全会二十周年纪念邮票

和平、发展、合作、共赢是不可阻挡的时代潮流，中国愿与世界各国共同营造开放包容的合作环境，共同激活创新引领的合作动能，共同开创互利共赢的合作局面。

实行对外开放，既要向国外开放我们的市场，又要积极开拓国外市场。目前，我国已经是世界第一制造大国，同时也是人口众多的消费大国，只进不出或者只出不进，都不是完全的开放；进出结合、有进有出，才是真正意义上的开放。我国对外开放的前一个时期主要在"引进来"上下功夫，2001年12月，中国正式加入世界贸易组织，标志着中国的对外开放进入了一个全新的阶段，这也意味着我们应该在"走出去"上下更多的功夫。自由贸易试验区是中国改革开放的试验田，也成为中国与世界携手共进的商业沃土；国际货币基金组织将人民币纳入特别提款权货币篮子，人民币成为五种主要国际货币之一，扩大开放使人民币国际化扬起风帆；"一带一路"建设成绩斐然，硕果累累，"六廊六路多国多港"合作格局基本形成，赢得沿线国家纷纷点赞……"开着门，世界能够进入中国，中国也才能走向世界""在开放中合作、以合作求共赢"，习近平主席在不同场合多次强调扩大开放的重大意义，他在第三届中国国际进口博览会开幕式上表态，中国愿同各国一道，在开放中创造机遇，在合作中破解难题，携手创造人类更加美好的明天！

"六廊六路多国多港"

"六廊"：打通六大国际经济合作走廊，包括新亚欧大陆桥、中蒙俄、中国—中亚—西亚、中国—中南半岛、中巴（巴基斯坦）、孟中印缅经济走廊。

"六路"：畅通六大路网，推动铁路、公路、水路、空路、管路、信息高速路互联互通。

"多国"：选取若干重要国家作为合作重点。

"多港"：构建若干海上支点港口。

党的十八大以来，以习近平同志为核心的党中央准确把握时代潮流和国际大势，从中国特色社会主义事业"五位一体"总体布局的战略高度，从实现中华民族伟大复兴中国梦的历史维度，以开放促改革、促发展、促创新，加快建设开放型经济强国，谱写了中国与世界互利共赢的新篇章。2018年4月13日是设立海南经济特区30周年纪念日，这一天，习近平总书记郑重宣布，党中央决定支持海南全岛建设自由贸易试验区，支持海南逐步探索、稳步推进中国特色自由贸易港建设，分步骤、分阶段建立自由贸易港政策和制度体系。这是习近平总书记亲自谋划、亲自部署、亲自推动的改革开放重大举措，是党中央着眼于国内国际两个大局，深入研究、统筹考虑、科学谋划作出的战略决策。

海南自由贸易港

海南省是位于我国最南端的省级行政区，气候暖热，雨量充沛，有着丰富的物产资源，也有着浓厚的民族风情，是人们向往的旅游胜地。

美丽富饶的海南是我国最大的经济特区，而且具有实施全面深化改革和试验最高水平开放政策的独特优势。2020年6月1日，党中央、国务院印发了《海南自由贸易港建设总体方案》，方案中提到：在海南建设自由贸易港，是推进高水平开放，建立开放型经济新体制的根本要求；是深化市场化改革，打造法治化、国际化、便利化营商环境的迫切需要；是贯彻新发展理念，推动高质量发展，建设现代化经济体系的战略选择；是支持经济全球化，构建人类命运共同体的实际行动。2020年6月3日，海南自由贸易港11个重点园区同时挂牌，作为推动海南自由贸易港建设的样板区和试验区，利用制度创新优势，率先实施相关政策，进行压力测试，推动海南自由贸易港建设加快发展、创新发展。

海南自由贸易港将采取"6+1+4"的制度设计："6"指贸易自由便利、投资自由便利、跨境资金流动自由便利、人员进出自由便利、运输来往自由便利以及数据安全有序流动；"1"指构建现代产业体系，主要是大力发展旅游业、现代服务业和高新技术产业，增强经济创新力和竞争力；"4"指加强税收、社会治理、法治、风险防控等四个方面的制度建设。到2025年，海南将初步建立以贸易自由便利和投资自由便利为重点的自由贸易港政策制度体系，到2035年成为我国开放型经济新高地，到本世纪中叶全面建成具有较强国际影响力的高水平自由贸易港。

构建人类命运共同体

世界是一个大家庭，每个国家的人民都是这个家庭的成员，只不过住在不同的"房间"。既然是"一家人"，就应该共同维护家庭的和谐，共同出力建设好这个大家庭。党的十八大报告明确提出:"合作共赢,就是要倡导人类命运共同体意识,在追求本国利益时兼顾他国合理关切。"三年后,习近平主席出席博鳌亚洲论坛 2015 年年会时提出了"通过迈向亚洲命运共同体,推动建设人类命运共同体"的倡议。

推动建设人类命运共同体,源自中华文明历经沧桑始终不变的"天下"情怀。中华文明崇尚"以和为贵""协和万邦",信奉"己所不欲,勿施于人""四海之内皆兄弟"等理念,坚持"计利当计天下利""穷则独善其身,达则兼济天下"的价值判断,这些都是命运共同体的重要基因。进入新时代,中国人民致力于实现中华民族伟大复兴的中国梦,追求的不仅是中国人民的福祉,也是世界各国人民共同的福祉。18 世纪 60 年代,英国开始了工业革命,世界市场逐渐形成,国与国之间逐渐打破了孤立发展的状态,世界开始步入经济全球化的进程。20 世纪 90 年代以来,随着冷战的结束,在以信息技术为代表的科技革命的大力推进下,经济全球化获得了迅猛的发展。各国之间相互联系、相互依赖的程度日益加深,人类面临的共同风险挑战越来越突出,各国命运休戚与共,彼此相互依存。在这种背景下,由中国首倡的构建人类命运共同体理念正成为广泛的国际共识,得到国际社会的普遍认同。

经济全球化

简单地说,经济全球化就是各国的商品、技术、信息、服务、货币、人员、资金、管理等生产要素跨国跨地区的流动。在经济全球化的进程中,经济、市场、技术与通信形式都越来越具有全球特征,民族性和地方性在减弱。经济全球化是社会生产力发展的客观要求和科技进步的必然结果,不是哪些人、哪些国家人为造出来的。经济全球化实现了生产要素在全球范围内的优化配置,能够最大限度实现利润,因此为各国各地区的发展提供了新的机遇。

2017年2月,联合国社会发展委员会首次将"构建人类命运共同体"理念载入联合国决议。同年9月,第71届联合国大会通过了关于"联合国与全球经济治理"的决议,把中国提出的共商共建共享理念纳入其中。

构建人类命运共同体是一个科学完整、内涵丰富、意义深远的思想体系,是彰显中国智慧的理念和方案,其核心就是"建设持久和平、普遍安全、共同繁荣、开放包容、清洁美丽的世界"。曾经,1955年的万隆会议上,周恩来总理提出了"求同存异"的方针,得到了与会代表的高度认同,也鼓舞了广大发展中国家争取民族独立和解放的斗争。如今,上海合作组织开启了幅员最广、人口最多、发展潜力最大的区域性"朋友圈",为维护地区安全稳定、促进共同发展繁荣作出了重要贡献。"一带一路"倡议高举和平发展的旗帜,积极发展与沿线国家的经济合作伙伴关系,建立一个政治互信、经济融合、文化包容的利益共同体、命运共同体和责任共同体,让各国人民相逢相知、互信互敬,共享和谐、安宁、富裕的生活。习近平主席说过:"各国是休戚与共的命运共同体,重大危机面前没有谁能够独善其身,团结合作是应对挑战的必然选择。"中国的态度已经向全世界表明,风险挑战面前,各国应该同舟共济,各尽其责,推动经济全球化朝着更加开放、包容、普惠、平衡、共赢的方向发展。

⊕ 坚持和平发展道路,推动构建人类命运共同体

新冠肺炎疫情是全人类面临的共同挑战，需要国际社会通力合作、携手应对。因此，中国在全面有力防控疫情的同时，积极主动同世界卫生组织和国际社会开展合作和信息交流，及时为其他国家提供力所能及的援助，为诠释和推动构建人类命运共同体树立了新标杆。

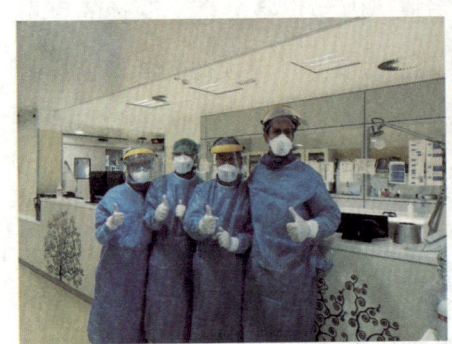

⊕ 疫情期间，中国抗疫医疗团队和物资抵达国外，书写共建人类命运共同体的战"疫"篇章
（新华社发）

构建人类命运共同体，以"求同存异、开放包容"的胸怀，以"相互尊重、互学互鉴"的态度，增进各国人民的人文交流与文明互鉴，促进世界和平与发展。未来是个什么样的世界，我们也许无从得知，但我们有理由相信，中国的发展经验和倡议，将成为未来世界发展路线的参考系和风向标。

第三章
文化建设创新

文化是一个国家、一个民族的灵魂，文化兴则国运兴，文化强则民族强，没有高度的文化自信，没有文化的繁荣兴盛，就没有中华民族伟大复兴。发展中国特色社会主义文化，要坚定文化自信，增强文化自觉，培育和践行社会主义核心价值观，坚持走中国特色社会主义文化发展道路，激发全民族文化创新创造活力，建设社会主义文化强国。

坚定文化自信

春节、元宵节、端午节、中秋节都是中国传统节日，它们不仅给生活增添喜庆团圆的气氛，更反映出源远流长的中华文化。文化是人类在认识和改造世界的实践过程中创造的一切物质财富和精神财富的总和，是一个国家、一个民族的灵魂。文化自信是文化主体对自身文化感到自信和自豪的心理状态。发展中国特色社会主义文化，就要坚定文化自信。

⊕春节有挂灯笼的习俗

文化的内涵

"文化"是一个既古又新的概念，是一个内涵极其丰富的范畴。《易·贲卦·象传》有云："刚柔交错，天文也。文明以止，人文也。观乎天文，以察时变。观乎人文，以化成天下。"这里的"文""化"即人文化成、人文教化，指的是对社会生活中人与人之间纵横交织的人伦关系进行约束的伦理道德规范和社会典章制度。西汉以后，"文"和"化"开始合为一个词。

"文化"的英文为culture，其基本含义之一是耕种、栽培。耕种、栽培是人类改造自然的方式，也就是说文化的本质是"自然的人化"，是人类主体通过社会实践活动，适应、利用、改造自然界客体而逐步实现自身价值观念的过程。现在人们又将文化分为狭义和广义两种类型，狭义上的文化指人类的精神创造活动及其结果，如文学、艺术等，广义上的文化则指人类改造自然和社会过程中所创造的一切物质产品和精神产品的总和。我国思想家梁漱溟认为文化不过是一个民族生活的种种方面，我国哲学家胡适也提出文化是一种文明所形成的生活方式。可见文化是人的一切生活方式的总和，也就是从广义上把文化看作一个综合系统。

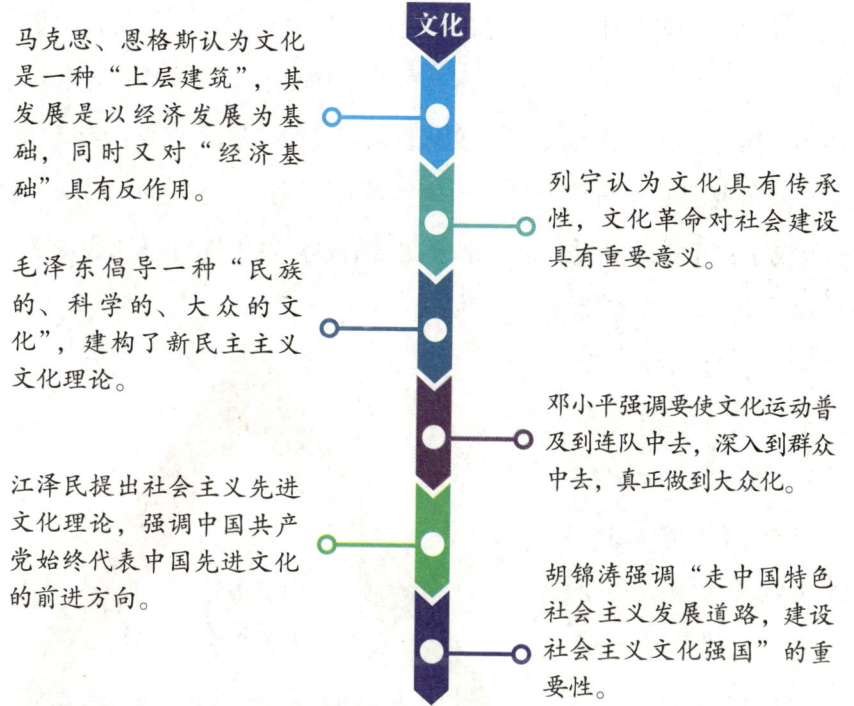

习近平从实现中华民族伟大复兴、提高国家文化软实力、建设社会主义文化强国的战略高度来充分认识文化建设在"五位一体"总体布局中的重要地位，提出了坚定中国特色社会主义文化自信的科学理论。

软实力

这一概念最早是美国学者约瑟夫·奈提出的，用来指一个国家硬实力之外的"文化、制度、价值观的吸引力"，以及"在国际事务中制定规则和决定议题的能力"。"软实力"集中体现了一个国家基于文化而具有的凝聚力和生命力。

文化是不断发展着的，文化建设也随着时间的推移而不断深入推进。中华民族过去经历了种种苦难，但都没有被摧垮，一个重要原因就是中华文化的永续发展形成了连接过去、现在和未来的坚固的精神纽带。

文化自信的内容

经历过五千年岁月长河的洗礼，经历过战争与灾难的打磨，中华文化炼成了坚毅而渗透韧性、璀璨而富有内涵的秉性。万丈高楼平地起，建起国家和民族这座宏伟大厦，必须有文化自信作为精神基石。

这里所说的文化自信，是对中国特色社会主义文化这一整体的自信，而不仅仅是关于某一种类、某一部分文化的自信。中国特色社会主义文化是激励全党、全国各族人民奋勇前进的强大精神力量，源自中华民族五千年文明历史所孕育的中华优秀传统文化，熔铸于党领导人民在革命、建设、改革中创造的革命文化和社会主义先进文化，植根于中国特色社会主义伟大实践。

2016年7月1日，习近平总书记在庆祝中国共产党成立95周年大会上明确提出：坚持不忘初心、继续前进，就要坚持中国特色社会主义道路自信、理论自信、制度自信、文化自信。党的十九大报告突出了文化自信的基础地位，这反映了我们党对文化地位和作用认识的逐渐深化，充分体现了我们党高度的文化自觉、文化自信和文化担当。

文化自信的主体包括工人、农民、知识分子、学生等不同的群体。广大青少年既是社会主义事业的建设者和接班人，又是新时代文化自信的重要主体，更要了解中华民族历史，秉承中华文化基因，有民族自豪感和文化自信心。坚定中国特色社会主义道路自信、理论自信、制度自信，说到底是要坚定文化自信。"中国人民应该有这个信心，每一个中国人都应该有这个信心。"习近平总书记的话道出了坚定文化自信的价值，每一名中国人都应该怀着文化自信这一强大内力，砥砺前行。

⊕ 坚定"四个自信"

在今天这个难能可贵的和平年代，我们应该从实现中华民族伟大复兴、建设社会主义文化强国、坚持中国特色社会主义文化发展道路的战略高度出发来认识文化自信。历史和现实证明，一个国家、一个民族只有对自己的历史和传统、对自身文化生命力和创造力充满信心，才能有坚持坚守的定力、奋发奋起的勇气、创新创造的活力；一个抛弃和背叛了自己文化传统的民族，不仅不可能发展起来，而且很可能上演一幕幕历史悲剧。

坚定文化自信的理论价值和现实意义

文化自信是更基础、更广泛、更深厚的自信，是更基本、更深沉、更持久的力量。

坚定文化自信,与培育和践行社会主义核心价值观协同发展。文化自信是价值观自信之根,价值观自信是文化自信之魂。中华优秀传统文化是中华民族的精神命脉,也是涵养社会主义核心价值观的重要源泉,让我们能在世界文化激荡中站稳脚跟。当然,对传统文化的自信并不是文化复古,也不是盲目排外,而是要为当代中国文化的发展确立一个历史根基,推动中国价值和中国思想走向世界,为构建人类命运共同体、实现人类和平与发展提供中国方案,贡献中国智慧。

坚定文化自信,为弘扬中国精神注入文化动力。中国精神是社会主义先进文化在国家精神层面的体现,是身处中国特色社会主义新时代的中国人民的精气神。实现中华民族的伟大复兴,不仅要在物质上强大起来,还要大力弘扬中国精神,始终发扬中国人民在历史发展、革命建设、改革开放等伟大实践中形成的伟大创造精神、伟大奋斗精神、伟大团结精神和伟大梦想精神。我们就是要通过坚定文化自信振奋起全民族的精气神,为新时代中国特色社会主义发展和人类文明进步提供强大的精神动力。

坚定文化自信,为发展中国特色社会主义文化、提高国家文化软实力、建设富强民主文明和谐美丽的社会主义现代化强国提供重要支撑。文化兴国运兴,文化强民族强。坚定文化自信,是事关国运兴衰、事关文化安全、事关民族精神独立性的大问题。没有高度的文化自信,没有文化的繁荣兴盛,就没有中华民族的伟大复兴。我们必须坚定文化自信,牢牢把握社会主义先进文化前进方向,激发全民族文化创造活力,更好构筑中国精神、中国价值、中国力量。

中国诗词大会

文化最终要扎根在人民心中,让文化深入人心的前提则是有一个浓厚的文化氛围。中国诗词是中华优秀传统文化的精粹,是我们独有的文化瑰宝,是融入每一位中华儿女血脉里的文化基因,饱含着传统文化的魅力,具有穿越时代而浸润心灵、启迪人心的力量。但对于大部分人来说,中国诗词还只停留在课堂背诵阶段。如何让传统诗词文化与现代生活对接?如何更好展现中国诗词的魅力,为增强文化自信、提升国家文化软实力作出引领和示范?2016年,一档我国完全自主原创的诗词节目《中国诗词大会》的脱颖而出给了我们有益启示。

《中国诗词大会》节目紧扣社会主义核心价值观,通过电视、互联网等多种媒体面向公众,借助诗词对中华优秀传统文化进行高度凝练,用诗词温润心灵,从诗词汲取营养,以诗词凝聚情感,引导公众不断增强对中华优秀传统文化的价值

⊕《中国诗词大会》节目现场(新华社发)

认同感和归属感,以筑牢文化自信的根基。众望所归,第一季《中国诗词大会》全网收看次数突破5 000万,2020年第五季跃升到3.95亿,全国报名参加节目选拔的人数也从第一季的3万壮大到第五季的40万。

《中国诗词大会》节目坚持以人民为中心的创作理念,参赛选手来自各行各业,更容易唤起广大公众对中华文化根脉的深沉情感和深深眷恋。节目注重对中华传统文化的创造性转化与创新性发展,为人民抒怀,为时代放歌,掀起了全民国学"热潮"。节目架构起以诗词文化为主干的竞赛模式,在紧张激烈的比赛氛围中让观众接受诗词文化的熏陶,让公众在阅读、鉴赏古诗词中不断增强文化自信。

培育和践行社会主义核心价值观

我们在校园、社区、广场等地方的宣传栏里经常能看到"爱国""敬业""诚信""友善"等社会主义核心价值观的宣传语。核心价值观是文化软实力的灵魂,是文化软实力建设的催化剂。我们要坚定文化自信,增强文化自觉,培育和践行社会主义核心价值观,坚持用社会主义核心价值观凝心聚力。

核心价值观的内涵和作用

先来看一则故事,从中我们可以意识到"诚信"这条价值观的重要性。相传,有一个年轻人经过漫长人生之路的跋涉,到达了一个渡口并上了渡船。此时,他已经拥有了"健康""美貌""诚信""机敏""才学""金钱""荣誉"七个背囊。渡船开出时风平浪静。过了一会儿,突然风起浪涌,小船上下颠簸,险象环生。这时,艄公说:"船小负载重,客官须丢弃一个背囊,方可安渡难关。"看到年轻人哪一个都不舍得丢弃,艄公又说:"有弃有取,有失有得。客官您应尽早下决定呀!"年轻人似乎明白了些事情,为了保命,便将他认为最不重要的"诚信"抛入水中。这时水越涨越高,艄公笑着说:"诚信都没了,还做什么人呢?"年轻人这才领悟到自己做错了,然而一切都为时已晚。

⊕诚信是做人之本

通俗地讲，价值观就是人们对"什么是价值、怎样评判价值、如何创造价值"等问题的根本看法。价值观有正确和错误、先进和落后之分。一个人如果有正确的价值观，有崇高的理想、远大的志向、勤奋进取和造福人类的精神，就会引导他走上美好的人生道路；一个人如果有错误的价值观，如自私自利、贪图享乐、消极悲观的思想观念，就很容易与平庸和苟且为伍。

核心价值观是一个社会中居统治地位、起支配作用的核心理念，也是一个社会必须长期普遍遵循的基本价值准则。核心价值观承载着一个民族、一个国家的精神追求，体现着一个社会评判是非曲直的价值标准。

一个民族、一个国家，如果没有共同的核心价值观，就会魂无定所、行无依归。核心价值观承载民族精神追求，体现社会发展方向，是一个国家的重要稳定器。我国是一个有着56个民族、14亿多人口的大国，确立反映全国各族人民共同认同的价值观"最大公约数"，使全体人民同心同德、团结奋进，关乎国家前途命运，关乎人民幸福安康。

社会主义核心价值观的提出与发展

任何社会的经济、政治、思想、文化都是不断发展的，社会主义核心价值观的提出也经历了一定的过程。中华人民共和国成立以来，特别是改革开放以来，中国共产党带领全国人民在经济、政治、文化和社会等方面建立了一套比较成熟的基本制度，成功探索出了中国特色社会主义道路，必然要求有一个主导全社会思想道德观念和行为方式的核心价值观与之相适应。社会主义核心价值观就是党和人民在社会主义革命、建设和改革过程中逐步形成和发展起来的核心价值观念和价值目标。

社会主义核心价值观包含国家、社会、公民三个层面。富强、民主、文明、和谐是国家层面的价值目标,自由、平等、公正、法治是社会层面的价值取向,爱国、敬业、诚信、友善是公民个人层面的价值准则。新时代,我们应坚持社会主义核心价值体系,积极培育和践行社会主义核心价值观。

社会主义核心价值体系

社会主义核心价值体系主要包括马克思主义指导思想、中国特色社会主义共同理想、以爱国主义为核心的民族精神和以改革创新为核心的时代精神,以及社会主义荣辱观。社会主义核心价值体系与社会主义核心价值观的基本内涵和主要内容不同,提出的时间也有先后。但是,二者之间具有非常密切的联系。社会主义核心价值观是社会主义核心价值体系的内核,是对它的高度凝练和集中表达。社会主义核心价值体系为社会主义核心价值观提供理论、理想、精神和道德支撑。二者相得益彰、相互促进。

⊕ 社会主义核心价值观

| 2006年10月 | 党的十六届六中全会第一次明确提出"建设社会主义核心价值体系"的重大命题，指出了社会主义核心价值体系的基本内容。 |

| 2007年10月 | 党的十七大进一步指出社会主义核心价值体系是社会主义意识形态的本质体现。 |

| 2011年10月 | 党的十七届六中全会指出，社会主义核心价值体系是"兴国之魂"，是社会主义先进文化的精髓，决定着中国特色社会主义的发展方向。 |

| 2012年11月 | 党的十八大报告明确提出：倡导富强、民主、文明、和谐，倡导自由、平等、公正、法治，倡导爱国、敬业、诚信、友善，积极培育和践行社会主义核心价值观。 |

| 2013年12月 | 中共中央明确指出：以"三个倡导"为基本内容的社会主义核心价值观，与中国特色社会主义发展要求相契合，与中华优秀传统文化和人类文明优秀成果相承接，是我们党凝聚全党全社会价值共识作出的重要论断。 |

2018年3月，第十三届全国人民代表大会第一次会议通过中华人民共和国宪法修正案，将"国家提倡爱祖国、爱人民、爱劳动、爱科学、爱社会主义的公德"修改为"国家倡导社会主义核心价值观，提倡爱祖国、爱人民、爱劳动、爱科学、爱社会主义的公德"。党的二十大报告指出：社会主义核心价值观是凝聚人心、汇聚民力的强大力量；坚持依法治国和

以德治国相结合,把社会主义核心价值观融入法治建设、融入社会发展、融入日常生活。社会主义核心价值观是当代中国坚定文化自信的价值引领,已成为我们每一位中国公民都必须努力践行的价值观。

培育和践行社会主义核心价值观的意义和要求

人民有信仰,国家有力量,民族有希望。培育和践行社会主义核心价值观也是一种建设,只不过是头脑里的建设,是思想文化上的建设。这是有效整合我国社会意识、凝聚社会价值共识、化解社会矛盾、聚合磅礴之力的重大举措,是保证我国经济社会沿着正确的方向发展、实现中华民族伟大复兴中国梦的价值支撑,具有重大的意义。

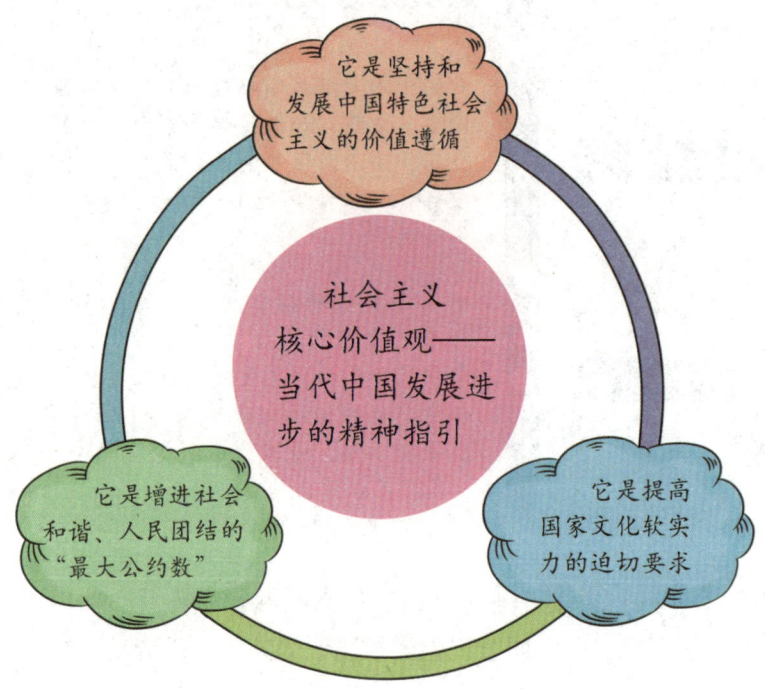

培育和践行社会主义核心价值观的具体要求主要体现为以下三个方面。第一,要着力培养担当民族复兴大任的时代新人。社会主义核心价值观建设，说到底是人的思想建设、灵魂建设，聚焦的是造就具有正确世界观、人生观、价值观的建设者。这样的时代新人，应当在有自信、尊道德、讲奉献、重实干、求进取等方面有新风貌、新姿态、新作为。

第二，要注重全方位贯穿、深层次融入。任何一种价值观在全社会的确立，都是一个思想教育与社会孕育相互促进的过程，都是一个内化与外化相辅相成的过程。应把社会主义核心价值观更好地贯穿于国民教育中，融入教育教学、校风学风建设中。

第三，要在落细、落小、落实上下功夫。要使社会主义核心价值观的影响像空气一样无所不在、无时不有，必须坚持全民行动、干部带头，从家庭做起，从娃娃抓起，动员全社会共同参与、共同行动，使之与人们的日常生产生活深度融合，成为人们日用不觉的行为准则。

"劳动模范""时代楷模""最美人物"，一个个闪亮的名字，照亮了整个社会的价值星空。先进典型是社会主义核心价值观的人格化身，是引领社会主流价值的鲜明旗帜，以先进典型凝聚社会正能量，让人们从心底迸发对善的敬重、对美的向往。在生活中，我们应该以先进典型为标杆，将培育和践行社会主义核心价值观作为精神动力，充分运用文化产品、文化服务和文化活动，在文化熏陶中受到教育、得到提高，共同推动社会主义核心价值观内化于心、外化于行，营造见贤思齐、崇德向善的社会氛围，让全中国成为培育先进文化的良田沃土。

⊕ "最美职工"在平凡的岗位用实际行动践行着社会主义核心价值观（新华社吴凡 摄）

青少年应积极培育和践行社会主义核心价值观

青少年是国家的希望、民族的未来。梁启超说:"少年强则国强。"习近平总书记说:"青年兴则国家兴。"青少年一代有理想、有本领、有担当,国家就有前途,民族就有希望。作为当代青少年,我们应该积极培育和践行社会主义核心价值观,争做社会主义核心价值观的坚定信仰者、积极传播者和模范践行者,努力成为担当民族复兴大任的时代新人。

青少年应如何培育和践行社会主义核心价值观?习近平总书记对此提出了"八字方针",即"勤学、修德、明辨、笃实"。青少年要珍惜韶华,勤学求知,下得苦功夫,求得真学问,把学习作为一种精神追求、一种生活方式,砥砺道德品质,掌握真才实学,练就过硬本领,深化对社会主义核心价值观的理性认知和情感认同。此为"勤学"。《礼记·大学》曰:"德者,本也。"道德之于个人、社会都具有基础性意义,做人做事摆在第一位的就是崇德修身。青少年既要明明德、养大德,立志报效祖国、始终忠于人民,又要从细节入手,做好小事、管好小节,学会谦让、宽容、自省、自律。此为"修德"。面对纷繁复杂的世界和多元化信息时代的社会思潮,青少年更需要增强自己的价值判断力,树立道德底线,弘扬真善美,传播正能量,努力做到稳重自持、从容自信、坚定自励。此为"明辨"。道不可坐论,德不能空谈,践行社会主义核心价值观,要于实处用力,知行合一,努力把社会主义核心价值观的要求变成自己日常的行为准则,进而形成自觉奉行的信念、理念。此为"笃实"。

勤学以增智,修德以立身,明辨以静心,笃实以为功。让我们青少年在实现中国梦的伟大实践中成就有信念、有梦想、有奋斗、有奉献的精彩人生。

推动中华文化繁荣兴盛

近年来,越来越多的文艺作品中都刮起了"中国风"。不仅如此,不少学龄前儿童能将一些唐诗宋词名句脱口而出,还有些外国人会唱两段京剧。文化是多元的,其表现形式也是多样的,除文艺作品和出版物外,文化还与互联网、旅游、体育等行业融合起来。随着我国公共文化设施不断完善、文化事业建设不断加强,我国的文化产业发展成绩显著。这些创造性转化、创新性发展,都在不断增强中华文化的影响力和吸引力。

⊕ "国粹"京剧

从优秀传统文化中汲取力量

我们党的几代领导人都高度重视中华优秀传统文化的传承,特别是党的十八大以来,习近平总书记不仅多层次、多角度表达了对中华优秀传统文化历史地位、社会主义核心价值体系的尊崇与认同,更是将优秀传统文化的传承与发展提升到治国理政的高度。

当前,优秀传统文化的重要性得到全社会的普遍认可。近些年,汉服唐装、古文诗词以及诸多国学类综艺节目等瞬间兴起,忽如一夜春风来,几千年沉淀的中华文化,掀起了一波又一波的热浪。

20世纪90年代起,国内出现了各种类型的青少年阅读传统文化经典的热潮,包括《三字经》《百家姓》《千字文》《弟子规》《论语》《孟子》《道德经》等。对于这一现象,有的学者认为,中华传统文化经典中蕴含着中华民族的历史文化和精神价值,青少年阅读经典是中国文化复兴的重要组成部分。十年树木,百年树人。进入21世纪以来,各级教育主管部门从落实立德树人根本任务、培育和践行社会主义核心价值观、深化中国梦宣传教育、增强文化自信等角度,大力提倡青少年阅读传统文化经典。

⊕青少年诵读经典名著

每种文化现象的背后其实都蕴藏着一种文化心理。当下国内外的"中华传统文化热""国学热"和"汉学热"现象预示着在国际交往越来越紧密的今天,中华优秀传统文化显示出越来越强大的亲和力。今日中国提倡传承中华优秀传统文化,主要是教人如何做人,如何安身立命,提倡理想人格(如君子)的追求,克服工具理性的片面膨胀所导致的人文精神的萎缩或失落。尤其值得注意的是,当前"中华传统文化热"并非简单的"复古读经",它有着对思想意识、伦理道德、行为准则以及美学文学等诸多方面的诉求。我们要以理性、客观的态度看待中华传统文化,摒弃历史虚无主义和文化虚无主义,对我国传统文化要"有鉴别地加以对待,有扬弃地予以继承",取其精华,弃其糟粕,实现中华优秀传统文化的创造性转化和创新性发展。

中华文明是世界上最古老的文明之一,经历几千年风雨,仍长盛不衰、魅力依然,这是值得我们所有中国人骄傲的。中华文明又是世界人类文明中的明珠,凝聚着诸子百家、诗词歌赋等生生不息的思想寄托与精髓,也凝聚着革命精神、家国情怀等薪火相传的精神品质与力量。中华文化以其"讲仁爱、重民本、守诚信、崇正义、尚和合、求大同"的精神境界,向世界诠释着中华文化的价值理念,彰显着中国人的文化自信与担当。

发展无愧于时代的社会主义文艺

文艺作品是文化的主要载体,文学、音乐、舞蹈、书法、绘画、雕塑、戏剧、影视等都属于文艺作品。清代书画家石涛说过"笔墨当随时代"这句话,意思是一个时代有一个时代的历史任务,一个时代有一个时代的精神追求,一个时代的文艺工作者有一个时代的庄严使命。毛泽东指出,无产阶级对于过去时代的文学艺术作品,必须首先检查它们对待人民的态度如何,在历史上有无进步意义。可见,文艺作品肩负历史使命,在精神层面上应该有所担当。而且文艺作品的好坏不能简单以"雅"与"俗"来评判,要看它是否符合人民利益,能否促进社会向前发展,是否为人民大众所喜闻乐见。

文艺是时代前进的号角,最能代表一个时代的风貌,最能引领一个时代的风气。实现中华民族伟大复兴,需要坚忍不拔的伟大精神,需要振奋人心的伟大作品。百花齐放,百家争鸣,广大文艺工作者不断从中华民族深厚的文化底蕴、多元丰富的现代生活、宽松和谐的社会氛围中汲取养分，以"弘扬中国精神、传播中国价值、凝聚中国力量"的文艺作品来"讲好中国故事"，全方位展现着中国文化软实力和中国风貌，深化了外国民众对中国历史与现实的了解。相信中华文化将持续焕发创新精神，展现时代风采，弘扬主旋律，增强国际影响力。

满足人民过上美好生活的新期待，必须为人民提供丰富的精神食粮。2014年10月15日，习近平总书记在文艺工作座谈会上指出，社会主义文艺从本质上讲就是人民的文艺，要反映好人民心声，就要坚持为人民服务、为社会主义服务这个根本方向。这是党对文艺战线提出的一项基本要求，也是决定我国文艺事业前途命运的关键。只有牢固树立马克思主义文艺观，真正做到以人民为中心，文艺才能发挥最大正能量。

> 希望大家坚定文化自信，用文艺振奋民族精神。
>
> 希望大家坚持服务人民，用积极的文艺歌颂人民。
>
> 希望大家勇于创新创造，用精湛的艺术推动文化创新发展。
>
> 希望大家坚守艺术理想，用高尚的文艺引领社会风尚。

⊕ 习近平总书记对广大文艺工作者提出四点希望

加强文明交流互鉴

文明因多样而交流，因交流而互鉴，因互鉴而发展。中华文化在世界上曾经一直居于领先地位，中华文明与世界其他文明都有着密切的交流。

近年来，孔子学院和孔子课堂在海外的发展，中华文化和中国故事的对外传播，外国留学生来华访学，"一带一路"倡议的推进，加快了我国与其他国家文明交流的步伐，使得国际社会对中国的关注度越来越高。外国民众想更深入地认识真实立体的中国，想更加了解中国人的世界观、人生观和价值观，想与中国人民交朋友，因此对中国历史和文化产生了浓厚兴趣。面对这样的国际背景和时代召唤，国内大量反映中国政治、历史文化、现实国情的书籍被翻译成多种语言，走出国门、走向世界。这些都表明，中国文化越来越受到世界人民的欢迎和青睐，国际影响力在不断提升。

⊕ 俄罗斯孔子学院学生学写汉字

⊕ 葡萄牙孔子学院学生表演中国武术（新华社 温新年 摄）

⊕《清·孙温绘全本红楼梦》多语言版（从右至左依次为中文版、英文版、意大利文版和法文版，新华社 逯阳 摄）

2019年5月15日,习近平主席在亚洲文明对话大会开幕式上作主旨演讲时提出了四点主张:第一,坚持相互尊重、平等相待;第二,坚持美人之美、美美与共;第三,坚持开放包容、互学互鉴;第四,坚持与时俱进、创新发展。我们应该在建设社会主义文化强国的同时,加强与世界上不同国家、不同民族、不同文化的交流互鉴,让中华文化"走出去",把国外优秀文化也"引进来",夯实共建人类命运共同体的人文基础。

亚洲文明对话大会

亚洲文明对话大会聚焦亚洲文明交流互鉴与命运共同体的主题,旨在传承弘扬亚洲和世界各国璀璨辉煌的文明成果,搭建文明互学互鉴、共同发展的平台,增强亚洲文化自信,促进亚洲协作互信,凝聚亚洲发展共识,激发亚洲创新活力,为亚洲命运共同体和人类命运共同体建设提供精神支撑。

⊕《丝路金桥》

2019年5月15日,亚洲文明对话大会在北京国家会议中心隆重开幕。在会议中心前广场,展示了一座以赵州桥为原型的巨大互动景观雕塑作品《丝路金桥》,吸引着与会政要以及全世界的目光,诠释着新时代中国的文明价值。

中国思想文化对世界的影响

2004年起，我国开始在海外设立以教授汉语和传播中国文化为宗旨的非营利性教育机构——孔子学院和孔子课堂。截至2019年12月，全球160多个国家和地区已经建立了500多所孔子学院和1 100多个中小学孔子课堂。除孔子学院、孔子课堂外，国外许多高校和研究机构也兴起了"汉学热"。世界汉学大会自2007年举办第一届起，到2018年已举办6届。

⊕ 2007年5月，孔子学院在俄罗斯举行揭牌仪式

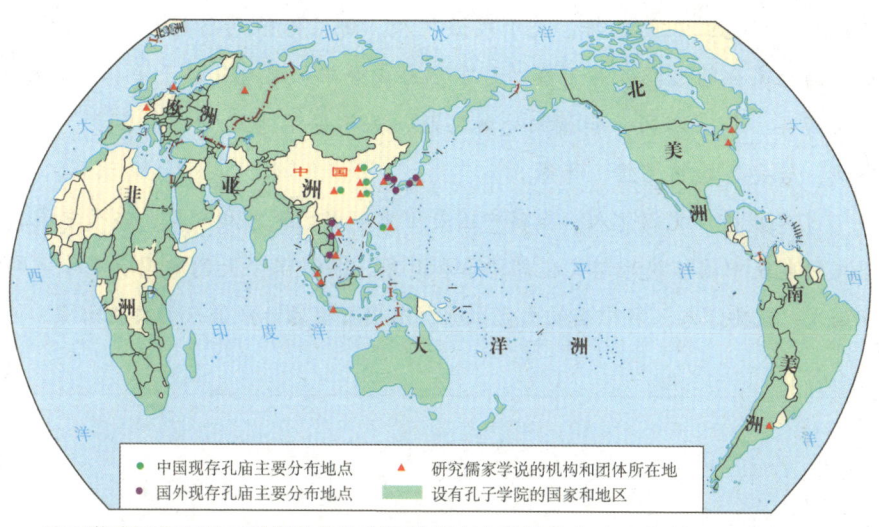

⊕ 孔子学院和研究儒家学说的机构和团体等在全球的分布（统计截至2020年8月）

中华文明不仅对中国发展产生了深刻影响，亦对人类文明进步作出了重大贡献。孔子创立的儒家学说以及在此基础上发展起来的儒家思想，对中华文明产生了深刻影响，是中华优秀传统文化的重要组成部分。儒家思想

同中华民族形成和发展过程中所产生的其他思想文化一道，记载了中华民族自古以来在建设家园的奋斗中开展的精神活动、进行的理性思维、创造的文化成果，反映了中华民族的精神追求，是中华民族生生不息、发展壮大的重要滋养。

世界上一些有识之士认为，包括儒家思想在内的中国优秀传统文化中蕴藏着解决当代人类面临的难题的重要启示，比如，关于道法自然、天人合一的思想，关于天下为公、大同世界的思想，关于自强不息、厚德载物的思想，关于以民为本、安民富民乐民的思想，关于为政以德、政者正也的思想，关于苟日新日日新又日新、革故鼎新、与时俱进的思想，关于脚踏实地、实事求是的思想，关于经世致用、知行合一、躬行实践的思想，关于集思广益、博施众利、群策群力的思想，关于仁者爱人、以德立人的思想，关于以诚待人、讲信修睦的思想，关于清廉从政、勤勉奉公的思想，关于俭约自守、力戒奢华的思想，关于中和、泰和、求同存异、和而不同、和谐相处的思想，关于安不忘危、存不忘亡、治不忘乱、居安思危的思想，等等。

文以载道，文以化人。当代中国是历史中国的延续和发展，当代中国思想文化也是中国传统思想文化的传承和升华，要认识今天的中国以及今天的中国人，就要深入了解中国的文化血脉，准确把握滋养中国人的文化土壤。

第四章
科技发展创新

科技创新是推动一个国家、一个民族向前发展的重要力量,也是推动整个人类社会向前发展的重要力量。当前,新一轮科技革命和产业革命与我国加快转变经济发展方式形成历史性交汇。我们要坚定不移走中国特色自主创新道路,加快创新型国家建设步伐,勇于创造引领世界潮流的科技成果。

引领世界科技创新

中国古代四大发明以及算盘、陶瓷、针灸等都是中国古代劳动人民的重要创造，对世界文明发展史也产生了很大的影响，有力推动了人类文明的发展进程。

⊕ 司南（指南针的前身）、活字印刷、算盘和瓷器

科技兴则民族兴，科技强则国家强

在中国共产党的正确领导下，历经几十年奋斗，我国从一个经济"底子薄"的国家一路发展成世界第二大经济体、第一大工业国、第一大货物贸易国以及第一大外汇储备国，科技创新无疑是其中的强大推力。现在的

中国正在努力成为世界科技创新的领导力量。

科技是国之利器，国家赖之以强，企业赖之以赢，人民生活赖之以好。中华人民共和国成立70多年来，在科学技术发展上奋起直追，再一次站在世界科技创新高点上，取得了很多傲人的成就，某些前沿方向开始进入并行、领跑阶段，一些重要领域已跻身世界先进行列。干细胞研究、人类基因组测序、高温超导、纳米科技、新冠肺炎疫苗研发等科学研究获得重大突破，三峡工程、杂交水稻、高铁、载人航天与深潜、大飞机、航空母舰等国家工程技术成果不胜枚举，汉字激光照排、超级计算机、移动通信、人工智能等高新技术领域也陆续开花结果，为我国成为一个有国际影响力的大国奠定了重要基础。从总体上看，我国主要科技领域正处在跨越式发展的最关键时期。

科技是第一生产力，是经济建设、文化建设、国防建设的助燃剂。中国要强，中国人民生活要

⊕ 杂交水稻

⊕ 三峡大坝

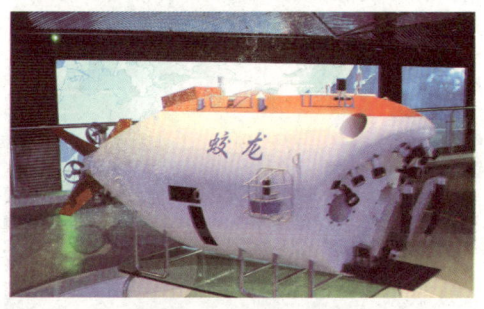
⊕ "蛟龙号"载人潜水器模型

⊕ 高铁

好,都离不开强大的科技。中国科技已一步一步"赶上来",有些领域甚至已"超过去",我们有信心让祖国在世界科技舞台上扮演更加精彩的角色!

创新——引领发展的第一动力

科技的进步来自创新。最新全球创新指数报告显示,中国国际排名从 2017 年的第 22 位升至 2022 年的第 11 位,在所有中等收入经济体中表现强劲,实现了历史性、整体性、格局性重大变化,对全球影响力很大。中国科技创新事业有这样的成绩,与中国创新驱动发展战略的顶层设计密不可分。

制造业是国民经济的主体,是科技创新的主战场,是立国之本、兴国之器、强国之基。习近平总书记指出:我们必须加快从要素驱动发展为主向创新驱动发展转变,发挥科技创新的支撑引领作用。为加快建设制造业强国,我们国家当前和今后将主要致力于以下几个方面的发展。

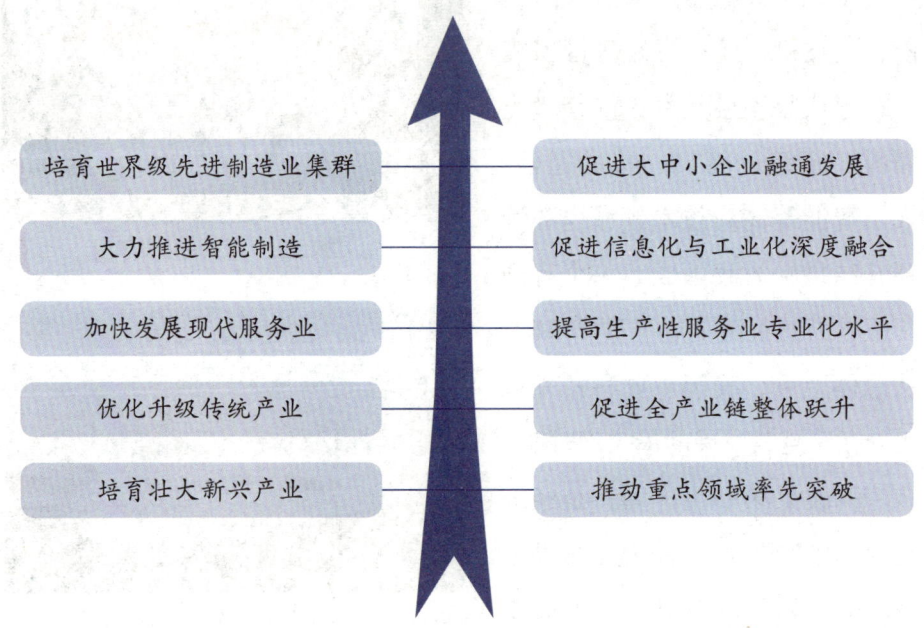

中国制造 2025

2015 年 5 月 19 日，国务院印发了《中国制造 2025》。这是党中央、国务院总揽国际国内发展大势，站在增强我国综合国力、提升国际竞争力、保障国家安全的战略高度作出的重大战略部署，其核心是加快推进制造业创新发展、提质增效，实现我国从"制造大国"向"制造强国"的转变。

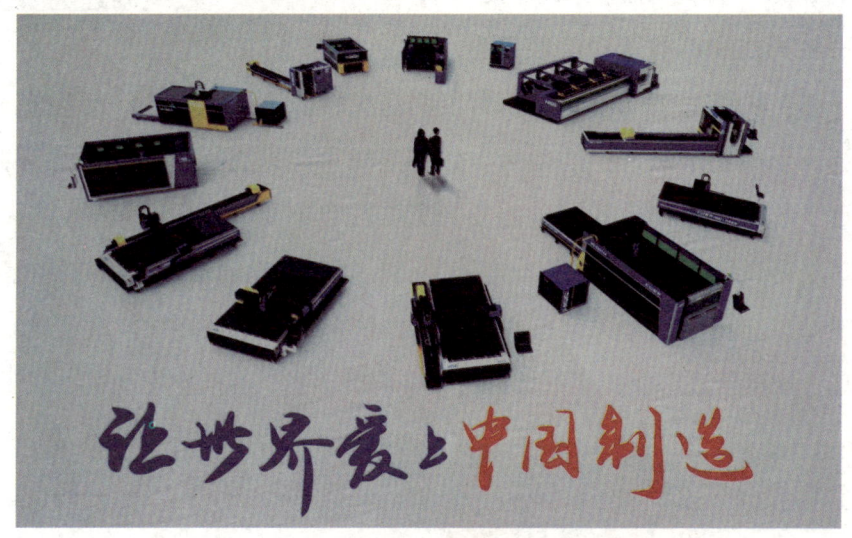

⊕ "让世界爱上中国制造"宣传画

创新是引领发展的第一动力，是建设现代化经济体系的战略支撑。今天，我国发展站到了新的历史起点上，要把科技创新摆在更加重要的位置，吹响建设世界科技强国的号角。

科技创新无止境

"曼哈顿计划""阿波罗登月计划""人类基因组计划"，对这些科学计划与工程项目的名称，我们耳熟能详，透过这些计划，我们能清楚认识到人类始终在对未来科技进行创新性探索与实践。历史经验表明，科技革命和科技创新能够深刻改变世界发展格局。

我们在日常生活中也能体会到科技进步带来的便利：购物既可以去实体店又可以在网上进行；付款可以通过移动支付的方式；不少通信设备的语音和文字识别功能让人们传送消息更加便捷。新一轮科技和产业革命已经催生

⊕ "扫码"付款

出了"互联网+"、分享经济、智能制造等新产业、新业态，大数据、云计算无形中渗透进人们的生活，数字人民币也即将面世。2014年8月，习近平总书记指出：我国确定要抓紧实施已有的16个国家科技重大专项，攻克高端通用芯片、集成电路装备、宽带移动通信、高档数控机床、核电站、新药创制等关键核心技术，加快形成若干战略性技术和战略性产品，培育新兴产业；从更长远的战略需求出发，在航空发动机、量子通

⊕ 中国智能制造

信、智能制造和机器人、深空深海探测、重点新材料、脑科学、健康保障等领域再部署一批体现国家战略意图的重大科技项目；发挥市场经济条件下新型举国体制优势，为攀登战略制高点、提高我国综合竞争力、保障国家安全提供支撑。

2020年的政府工作报告中强调"提高科技创新支撑能力"，表示既要引导企业增加研发投入，又要发展社会研发机构，"谁能干就让谁干"。我国还将继续推动制造业升级和新兴产业发展，深入推进大众创业、万众创新。二十大报告指出：教育、科技、人才是全面建设社会主义现代化国家的基础性、战略性支撑。人才是第一资源，创新驱动发展的任务和措施，

关键靠人去落实，国家将培养造就一大批具有国际水平的战略科技人才、科技领军人才、青年科技人才和高水平创新团队，为科技创新与发展提供强大人才支撑。

⊕ 大众创业、万众创新

但是，我们也应该看到，同建设世界科技强国的目标相比，我国科技发展还面临重大瓶颈。过半的关键材料还依赖进口，核心技术研发能力亟待突破。我们更要坚持走中国特色自主创新道路，面向世界科技前沿，面向经济主战场，面向国家重大需求，实施创新驱动发展战略，努力攻克"卡脖子"难关。相信不远的将来，我们这个日新月异的泱泱大国一定会以科技强国的身份屹立在世界东方！

中国芯

芯片广泛应用在通信、军工、航天等各个领域，我国又是世界上最大的芯片消费国，芯片自给率却不足10%，高端通用芯片则更依赖进口。为此，我国联合国内相关企业开展集成电路技术创新和产品创新工程，旨在打造中国集成电路高端公共品牌。"中国芯"指的就是由我国自主研发制造的计算机处理芯片，目前包括龙芯、威盛、申威、星光等系列。右图为我国自主研发的龙芯系列中央处理器芯片第三代产品——"龙芯3号"多核中央处理器，可应用于高性能服务器等设备。

总书记给全国科技工作者代表的回信

自2017年起,我国将每年5月30日设立为"全国科技工作者日",旨在营造全社会更加尊重劳动、尊重知识、尊重人才、尊重创造的良好氛围,凝聚起向科技强国进军、实现中华民族伟大复兴中国梦的磅礴力量。

2020年迎来我国第四个"全国科技工作者日",以"科技为民、奋斗有我"为主题,以服务科技工作者为主线,聚焦科技服务经济、服务社会、服务开放合作。为了庆祝第四个"全国科技工作者日",习近平总书记给25位科技工作者代表回信,以勉励全国广大科技工作者,全文如下。

袁隆平、钟南山、叶培建等25位同志:

你们好,来信收悉。大家对创新创造的思考和实践,体现了新时代我国广大科技工作者矢志报国的情怀。值此"全国科技工作者日"到来之际,我向你们、向全国科技工作者致以诚挚的问候!

创新是引领发展的第一动力,科技是战胜困难的有力武器。面对突如其来的新冠肺炎疫情,全国科技工作者迎难而上、攻坚克难,在临床救治、疫苗研发、物质保障、大数据应用等方面夜以继日攻关,为疫情防控斗争提供了科技支撑。希望全国科技工作者弘扬优良传统,坚定创新自信,着力攻克关键核心技术,促进产学研深度融合,勇于攀登科技高峰,为把我国建设成为世界科技强国作出新的更大的贡献。

习近平

2020年5月29日

走在世界前列的航天科技

1970年，我国使用"长征一号"火箭将我们的第一颗人造卫星"东方红一号"成功发射到预定轨道。这颗卫星向宇宙播放的《东方红》仿佛一直回荡在苍穹，引领着我国的航天科技不断走向世界前列。

我国航天的辉煌成就

星月皎洁，明河在天。自"东方红一号"成为闪亮的中国之星那一刻起，我国便成为世界上第五个依靠自己的力量成功发射人造地球卫星的国家，也拉开了中国人探索宇宙的序幕。时至今日，我国已经进行超过300次的航天发射，有200多颗卫星在太空运行。

⊕ "东方红一号"卫星

20世纪中期，我国科技工作者自力更生、艰苦奋斗，不但发射了"东方红一号"，还创造了原子弹爆炸、导弹飞行的奇迹，取得了"两弹一星"等事业的丰功伟绩，也孕育和形成了航天传统精神和伟大的"两弹一星"精神。1970年后的二十多年间，我国航天科技人员不畏艰辛、刻苦钻研，成功掌握了从轨道上回收卫星的技术，实现了"一箭三星"，发射了"东方红二号"通信卫星和"风云一号"气象卫星，还使用"长征三号"运载火箭成功将外国卫星发射升空，中国昂首挺进了国际航天发射市场。

⊕ "长征"系列火箭模型

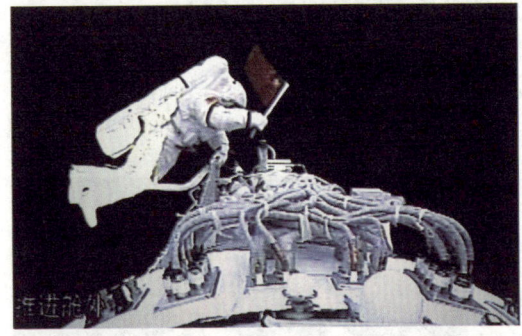

⊕ 中国人首次"太空漫步"（新华社查春明 摄）

2008年9月27日，我国航天员翟志刚成功实施首次空间出舱活动，标志着我国成为继美、俄之后世界上第三个实现太空行走的国家。

⊕ "神舟九号"与"天宫一号"交会对接（模拟图）

这样一种不屈不挠的精神始终激励着中国航天科研人员，从人造卫星到载人飞船，再到空间实验室和探月工程，谁说外国人能搞的中国人不能搞？谁说中国人与太空无缘？自1992年中国载人航天工程正式立项实施以来，已经走过30多个年头，中国载人航天工程已进入"三步走"战略的第三步。"神舟五号"首次实现载人航天飞行，标志着我国成为世界上第三个独立掌握载人航天技术的国家；"神舟六号"搭载两名航天员进入太空；"神舟七号"实现了航天员出舱活动；我国自己的空间实验室"天宫一号"和"天宫二号"为中国空间站的建设打下深厚基础……直到今天，我国空间交会对接技术越来越成熟，航天员还开展了数次太空授课活动，令世界刮目相看。

中国载人航天"三步走"战略

第一步,发射载人飞船,建成初步配套的试验性载人飞船工程,开展空间应用实验。

第二步,突破航天员出舱活动技术、空间飞行器的交会对接技术,发射空间实验室,解决有一定规模的、短期有人照料的空间应用问题。

第三步,建造空间站,解决有较大规模的、长期有人照料的空间应用问题。

⊕ 中国四大卫星发射基地

太 空 授 课

在"神舟十号"飞船执行任务的过程中,女航天员王亚平进行了一场"太空授课",她是中国第一位"太空老师"。王亚平授课的内容包括:物体质量测量(揭秘牛顿第二定律)、单摆运动(揭秘太空失重)、陀螺运动(揭秘角动量守恒)、制作水膜与水球(揭秘液体表面张力),主要是为了让中小学生了解微重力环境下物体运动的特点,了解液体表面张力的作用,加深对质量、重量以及牛顿定律等基本物理概念的理解。王亚平和其他几位航天员配合进行在线讲解和实验演示,并与地面师生开展"天地对话"双向互动交流。"太空授课"不仅提升了全民对航天的兴趣,还会从应用上推动天地大容量信息处理产业的发展,而大数据时代的来临将成为天地大容量信息处理产业发展的契机。

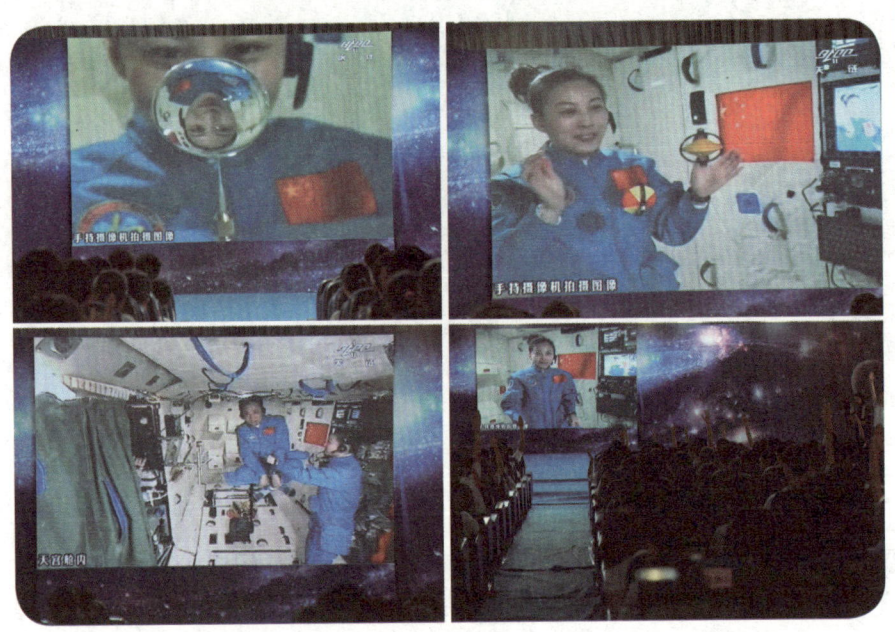

⊕ 我国首次"太空授课"成功举行(新华社王永卓 摄)

你可知"玉桂""银钩""冰轮"都是古人对月亮的雅称？你可知古人有多想揭开月亮那神秘的面纱？2007年11月5日，"嫦娥一号"成功环绕月球，走出我国探月工程漂亮的第一步。"嫦娥三号"和"嫦娥四号"先后实现在月球正面和背面软着陆，让"嫦娥奔月"的神话故事成为现实。"嫦娥五号"任务更是闯过多重难关，成功携带月球样品返回地球，完成了意义非凡的太空之旅。"嫦娥五号"在下降至离月面1.5千米处，利用激光成像等技术精确避障，创新采用"偏执收拢、自我压紧"式着陆缓冲机构，平稳落月。整个落月过程自主完成，而且实现月面自动采样、封装，样品由上升器送入预定环月轨道，交接给返回器并成功返回地球。国家航天局的一位工作人员表示，探月工程有6个"新"："嫦娥一号"是"新领域"，开启了中国深空探测新领域；"嫦娥二号"是"新高度"，第一次飞到距地球700万千米的高度；"嫦娥三号"是"新足迹"，其携带并与之分离的"玉兔号"月球车在月球表面留下清晰的车辙痕迹；"嫦娥5T"（"嫦娥五号"的"探路先锋"）是"新速度"，中国航天器首次以第二宇宙速度返回地球；"嫦娥四号"是"新一面"，国际首次发射月球中继卫星，国际首次实现探测器着陆月球背面；"嫦娥五号"是"新能力"，掌握了获取地外天体样品的能力。

⊕ "嫦娥五号"上升器月面点火（模拟图），成功实现我国首次地外天体起飞（新华社发）

更深月色半人家，北斗阑干南斗斜。遥望北方星空，勺子形的北斗七星指引着我国导航卫星事业的前进方向。2020年6月23日，第55颗北斗导航卫星的成功发射标志着北斗三号全球卫星导航系统星座部署全面完成。我国坚持"自主、开放、兼容、渐进"的原则建设和发展着北斗系统，如今北斗系统不仅能够导航指路，而且在农林渔业、水文监测、气象测报、通信授时、电力调度、救灾减灾、公共

⊕北斗组网卫星模型

安全等领域都能效力。2020年我国对珠峰高程的测算也利用到北斗卫星导航系统的信号，未来北斗系统还将建设成更加泛在、更加融合、更加智能的综合时空体系。

此外，我国还成功发射"悟空号"暗物质粒子探测卫星、"墨子号"量子通信卫星、高分系列卫星等，中国首次火星探测任务"天问一号"探测器也成功着陆火星，以此告诉全世界，中国人对宇宙的探索永不停息，中国航天事业的创新发展永无止境。

高分专项工程

高分专项工程全称为高分辨率对地观测系统重大专项工程，是中国《国家中长期科学与技术发展规划纲要（2006—2020年）》确定的16个重大科技专项之一，于2010年批准启动实施。高分辨率对地观测系统由天基观测系统、临近空间观测系统、航空观测系统、地面系统、应用系统等组成，将高分系列卫星、平流层飞艇和飞机等对地观测系统统筹起来，并结合其他观测系统，形成全天候、全天时、全球覆盖的对地遥感观测能力，应用广泛，意义重大。

星垂平野阔,月涌大江流。探索外层空间、和平利用太空造福人类是世界各国的共同理想和不懈追求。作为世界航天大家庭中的重要一员,中国将与世界各国一道,平等互利、共同探索、共同发展,筑起航天史上的"中国梦"和"世界梦",为人类航天事业作出更大的贡献。

载人航天精神

航天工程是一个涵盖物理、化学、计算机等多个学科的复杂科学系统,其中载人航天工程又是当今世界高新技术发展水平的集中体现,是衡量一个国家综合国力的重要标志。没有哪项事业在成长过程中是一帆风顺的,我国航天事业从起步以来,也经历过挫折。但是,在实施载人航天工程的进程中,我国航天人牢记党和人民的重托,满怀为国争光的雄心壮志,自强不息,顽强拼搏,团结协作,开拓创新,取得了一个又一个辉煌成果,也铸就了特别能吃苦、特别能战斗、特别能攻关、特别能奉献的载人航天精神。

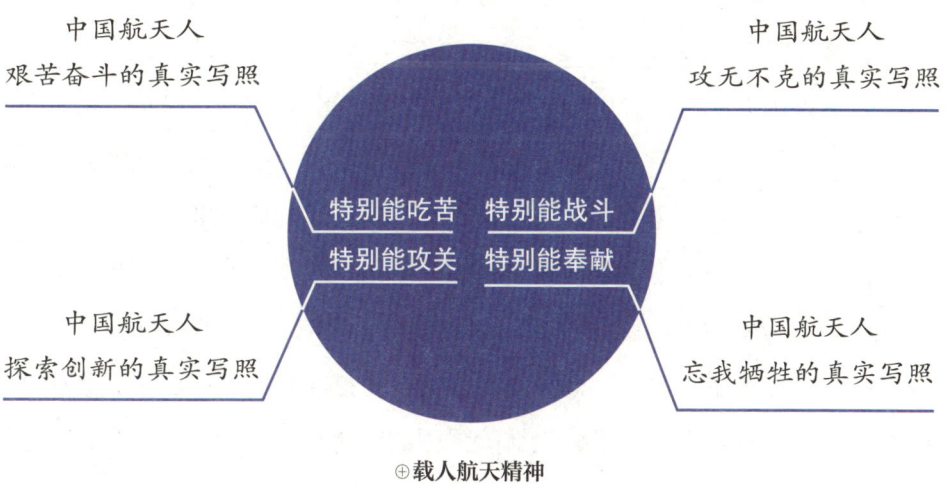

⊕ 载人航天精神

一个国家强起来的标志不仅仅在于物质方面,也在于精神方面。中国特色社会主义进入新时代,意味着近代以来久经磨难的中华民族迎来了从站起来、富起来到强起来的伟大飞跃。看今朝,中国的国际地位不断提升,在这个过程中,载人航天精神发挥了重要作用。

航天三大精神

航天传统精神:自力更生、艰苦奋斗、大力协同、无私奉献、严谨务实、勇于攀登。

"两弹一星"精神:热爱祖国、无私奉献、自力更生、艰苦奋斗、大力协同、勇于登攀。

载人航天精神:特别能吃苦、特别能战斗、特别能攻关、特别能奉献。

载人航天精神是热爱祖国、为国争光的坚定信念;载人航天精神是勇于登攀、敢于超越的进取意识;载人航天精神是科学求实、严肃认真的工作作风;载人航天精神是同舟共济、团结协作的大局观念;载人航天精神是淡泊名利、默默奉献的崇高品质。可以说,载人航天精神是中国精神这片璀璨星空中的耀眼之星,它已成为弘扬社会主义核心价值观看得见、摸得着、有说服力的参照系。

曾有外国人这样评价中国航天:中国航天最令人感到"可怕"的,不是它所取得的成就,而是它背后站着一群无畏的人。中国航天人就是这样一群叩问苍穹的飞天勇士,就是这样一个千锤百炼的英雄群体。载人航天精神是中国人骨子里不怕吃苦的气概,是中国人敢于面对、勇于担当的魄力。载人航天精神具有弥久深远的历史价值,具有永恒璀璨的时代价值。在新时代,弘扬航天精神,建设航天强国,是摆在我们面前的一个重要战略课题。党的十九大提出了建设航天强国的宏伟目标,我国航天人将继续以不怕牺牲的奋斗精神,为实现中华民族新时代的飞天梦想,向空间站、向月球、向宇宙更高更深更远的地方不断起航!

奋力建设交通强国

过去，我们从北京坐火车到上海需要十几个小时。现在，从北京坐高铁到上海，4个多小时就可以到达。现如今我国的高速公路、高速铁路密如织网，我国自主设计、自主制造的C919客机已经飞上蓝天，被称为"新世界七大奇迹"之一的港珠澳大桥也横跨伶仃洋。我国加快迈向交通强国，基础交通设施建设也为世界所瞩目。

四通八达的高速公路

翻看历史相册，一张张泛黄的照片，好像时空转换一样，把人们带回到老城门楼前坑洼的石板路，带回到乡间人马并行的泥泞小路。中华人民共和国刚成立那段时间，我国的公路交通是比较落后的，全国公路总里程仅8万多千米。从中华人民共和国成立到改革开放这几十年间，我国进行了公路技术改造和桥梁技术升级，公路总里程达到了89万千米。

改革开放后，道路建设成为经济发展的"必需品"，经济发展要提速，公路就必须"高速"。1984年12月21日，我国大陆地区第一条高速公路——上海沪嘉高速公路动工兴建，1988年10月31日全线通车，全长16

⊕上海沪嘉高速公路（新华社发）

千米。这条高速公路的通车结束了我国大陆地区没有高速公路的历史,实现了"零"的突破。随着20世纪80年代有关规划的制定和实施,我国公路建设有了明确的总体目标和阶段目标,高速公路建设也进入了迅猛发展时期。1990年建成的沈大高速公路,全长375千米,完工时为全程双向八车道、全立交、全互通,被誉为"神州第一路"。2018年12月28日,随着龙(川)怀(集)和仁(化)博(罗)两条高速公路建成通车,我国高速

⊕ 我国主要高速公路分布

公路总里程突破 14 万千米，位居世界第一。目前，全国近半数省份高速公路通车里程超过 5 000 千米。高速公路是交通现代化的重要标志，也是国家经济发展的重要标志。历史告诉我们，我国高速公路是伴随着改革开放的坚定步伐和现代化建设的伟大进程逐步发展壮大起来的。我国高速公路发展速度之快，令全世界惊叹，它有力地推动着我国经济社会的快速发展。

随着我国人工智能技术的发展推进，未来自动驾驶车辆大范围社会化运行对交通运输系统而言将是一场变革。我国高度重视自动驾驶技术发展，在政策法规、标准规范、技术研发、试点示范等方面开展了一系列工作。2018 年起，浙江省逐步构建大数据驱动的智慧云控平台，计划在杭州举办第 19 届亚运会前，将在建的杭州—绍兴—宁波高速公路打造成示范型"超级高速公路"，不但使高速公路支持自动驾驶，还要实现新能源供给设施全覆盖。

改革开放 40 多年来，我国高速公路的建设发展经历了从无到有、从通变畅、从起步建设到拥有规模网络的巨大变化，无论是通行里程还是建设理念都实现了跨越式发展。

交联成网的高速铁路

1905 年，我国工程师詹天佑顶着重重压力，主持设计和建造我国第一条干线铁路——京张铁路。1909 年京张铁路建成，标志着我国铁路建设不再受外国的牵制，也让嘲讽中国的外国人哑口无言。京张铁路的建成开通让中国人民抬起头来，铁路建设者那种迎难而上的精神，就像为我国铁路建设插上翅膀一般，使其以相当惊人的速度发展着。

改革开放以来，我国铁路发展提速，取得了举世瞩目的成就。2008 年 8 月 1 日，中国第一条具有完全自主知识产权及世界水平的时速 350 千米的高速铁路——京津城际铁路通车运营，标志着我国迈入高铁时代。十八大后的前五年，我国的高速铁路运营里程从 9 000 千米增加到 2.5 万千米，占世界总里程的三分之二。2019 年，我国已成为世界上唯一高铁成网运行的国家，总里程跻身世界第一。预计到 2025 年，中国大陆地区将建成约 3.8 万千米的高速铁路网。

⊕ IGBT 模块（新华社李一博 摄）

2012 年，我国开展了中国标准动车组设计研制工作。2017 年 6 月，中国标准动车组"复兴号"在京沪高铁首发，同年 9 月实现时速 350 千米运营。我国高铁发展如此迅速，关键在于掌握了领先的技术。其中一项关键技术是绝缘栅双极型晶体管（IGBT）技术，它是把 36 块指甲大小的芯片集成在一块巴掌大小的 IGBT 模块上，每块芯片有 5 万个电子单元。这些小小的电子单元能够在百万分之一秒内实现电流的快速转化，直接决定着高铁列车的瞬间起跑、安全飞驰、稳定停车。因此，这项技术被誉为现代机车技术"皇冠上的明珠"，世界上没有几个国家能制造大功率 IGBT 芯片，然而我国已经实现 IGBT 技术自主国产化，并且总体处于国际领先水平。过去，

⊕ 我国具有完全自主知识产权的"复兴号"动车组列车

中国人的心中还没有高铁这个概念,但是在今天,我国的高铁开拓者们顽强拼搏、勇于创新,使我国高铁拥有完全自主知识产权,全面领先世界。

高铁缩短了旅客出行的时间,减轻了旅客出行的负担,提升了旅客出行的品质,对于国民经济和社会发展都具有十分重大的意义。灵动铁龙圆好梦,五洲胜友慕名来。不少外国人乘坐中国高铁后,都纷纷竖起大拇指,赞叹不已。高铁时代的到来,不仅意味着我国交通运输业迈入新时代,更是我们国家综合实力大大提升的显著标志,极大地增强了我国在世界上的影响力。

⊕我国主要高速铁路分布

翱翔蓝天的民用航空

飞机的发明改变了人类的交通出行方式、生产效率和经济发展模式，现在，飞机已成为人们远行的重要交通工具。我国民用航空局公布的数据显示，2019年，中国民航机场的旅客吞吐量，即进港（机场）和出港的旅客人数超过13亿人次，预计到2035年时，我国机场保障能力将全面提升，可满足年旅客吞吐量30亿人次以上的发展需求。

⊕北京大兴国际机场（新华社鞠焕宗 摄）

机场是重要的基础设施，我国建成了世界上覆盖人口最多的机场网络。到2021年底，我国境内运输机场（未统计港澳台地区）共有248个，其中北京首都国际机场是中国第一、世界第二繁忙的机场，年旅客吞吐量由1978年的103万人次增长到2019年的1亿人次。北京这个世界级交通枢纽还拥有另一座大型国际机场——大兴国际机场。这座2019年9月投入运营的拥有7条跑道的年轻机场，身上担子却不轻，设计客运量为每年1亿人次，将成为重要的大型国际航空枢纽。

我国在自主研制大型客机方面也付出了艰辛的努力。2017年5月5日，捷报传来，我国自主设计和研制的首架大型客机C919成功首飞，好似"大鹏一日同风起，扶摇直上九万里"。C919客机在超临界机翼、新材料应用等方面有着重

⊕国产大型客机 C919

大技术突破,试飞最大航程超过 5 000 千米,综合性能处于国际领先水平。中国有了自己的大飞机,这是我国交通运输业、航空业发展史上的又一大里程碑。而这只是个起点,相信在不远的将来,我们祖国的航空事业会取得更加辉煌的业绩。

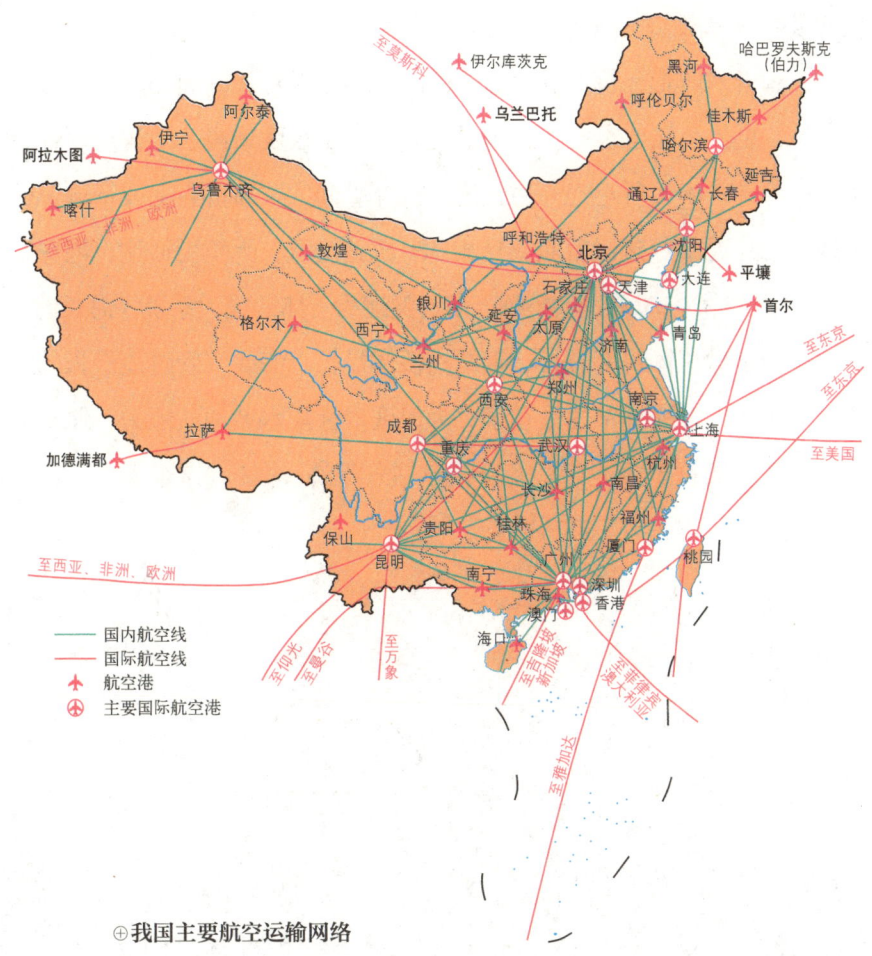

⊕ **我国主要航空运输网络**

飞天是古人的梦想,如今,中国人不光能飞上天,还能飞得快、飞得稳。我国的航空事业始终求真务实,坚持"安全第一、稳中求进、深化改革"的方针,航线网络高速发展,民航机队规模不断扩大,民航运输效率稳步提升,通用航空发展规模增长较快,民航安全水平也领先世界。

全面建设交通强国

"要想富,先修路。"一个国家要强盛,交通必须先行。把我国建设成交通强国,既是建设强大中国的应有之义,又是建设强大中国不可或缺的先决条件和战略支撑。要形成一套现代化综合交通体系,硬件方面要打造好交通装备和基础设施这两把利剑。

云气横开八阵形,桥形遥分七星势。2018年10月23日是令全国人民骄傲的日子,世界公路建设史上技术最复杂、施工难度最高、工程规模最庞大的桥梁——港珠澳大桥正式开通,这一被外媒列入"新世界七大奇迹"的超级工程,历经近9年建设后震撼亮相。一桥越沧海,天堑变通途。港珠澳大桥虽然名叫"桥",却是一项集桥、岛、隧道为一体的庞大系统,总长约29.6千米。作为全球总体跨度最长、钢结构桥体最长、海底沉管隧道最长的跨海大桥,港珠澳大桥的神奇之处在于,为保证伶仃洋水域通航能力,原本立于海面之上的桥梁行至中途时,变身隧道钻入深海,潜行6.7千米之后,再跃

①港珠澳大桥

出水面，宛若蛟龙出海。正是这一"潜"一"跃"的周折，一"深"一"长"的要求，与工期、质量、成本等种种因素交织成了严峻而紧迫的考验，也激发出建设者们更加昂扬的斗志——他们开创了前无古人的深插式钢圆筒围护快速成岛技术，突破了半刚性沉管结构、复合地基处理、深水深槽沉管安装施工这几项核心技术，战胜了一次次的"不可能"。

2020年11月初，建设中的福厦高铁开始了湄洲湾大桥段铺设。由我国中铁第五勘察设计院牵头研发的世界首台千吨级高铁箱梁运架一体机"昆仑号"闪亮登场，顺次将重1 000吨、长40米的高铁箱梁吊起，稳稳地架设在桥墩上，令人叹为观止。

⊕作业中的"昆仑号"千吨级高铁箱梁运架一体机
（新华社发）

这一"大国重器"是我国高铁桥梁建设技术的又一次重大提升和突破，不仅能有效地节约成本、提高效率，还为中国高铁时速全面站上400千米的新台阶、加快西部特殊地貌铁路建设创造了条件。

在党的领导下，中国抢抓机遇，高速铁路、重载运输、装备制造、工程建设、航空航天、新能源运输装备等技术领域，均已跻身世界先进国家行列；在智能互联、无人驾驶、无人承运、共享出行、电力驱动、无人机等领域，中国与发达国家基本上并肩而行，甚至有领跑趋势。我们前进的脚步永不停息，未来将加快建设交通强国，为世界提供中国交通方案和中国运输方案。

中国隧道工程

在世界上很多国家和地区，修建公路、铁路的过程中都会遇到种种难题，其中地形和地质状况是主要影响因素之一。修路遇到大山再常见不过，不得已情况下就需要"开山打洞"修隧道。

我国的隧道建设工程成绩颇丰。中华人民共和国成立前，我国就已经修筑了总长上百千米的隧道，其中兴安岭隧道以上行3 077.2米和下行3 100米的长度成为当时亚洲最长的宽轨铁路隧道。从中华人民共和国成立到20世纪末，随着技术上的重要突破和创新，我国隧道工程喜得诸多里程碑式的成就。如位于海拔4 648米的青藏铁路昆仑山隧道，全长1 686米，是世界高原多年冻土区第一长隧，从那里严酷的地理和气候环境就可以想象出修建这条隧道的难度之大。再如有着"世界第一隧"美誉的秦岭终南山隧道，同样采用双洞齐开的独特设计，每洞18.02千米，成为世界最长的双洞高速公路隧道，驾车仅需15分钟就能轻松穿越秦岭这道原本"山路十八弯"的屏障。除山体隧道外，我国还成功修建了过江隧道、海底隧道等，想必"愚公"看了也会惊诧不已。

不仅如此，我国隧道建设工程队还"修"到了国外。位于阿尔及利亚距首都阿尔及尔100千米之外的甘塔斯隧道，由于所处地形十分复杂险要，被称为隧道修筑中的"灾难"，早期这项隧道建设工程进行了6年才修了不到15千米。然而，我国隧道建设团队接手这项工程后，迎难而上，仅用不到1年的时间，这条北非最长隧道便全线贯通。

⊕甘塔斯隧道全面贯通（新华社发）

在新科技革命浪潮中乘风破浪

自18世纪末蒸汽机的发明和使用开始,人类已经历了三次重大的科技革命。现在,由系统科学、计算机科学、纳米科学与生命科学的理论与技术整合而掀起的新一轮科技革命的浪潮已经来临,它将彻底改变人类的生产方式和生活方式,给人类文明带来前所未有的大变化。我们已经在生活中感受到科学技术带来的方便和巨大影响。我国要把握这次难得的机遇,登上第四次科技革命的班列,以一系列使世界惊叹的科技成就展现华夏风采。

前沿工程,耀我国威

计算机是我们的老朋友了,台式电脑、笔记本电脑和平板电脑,几乎成为如今每个家庭的"常住成员"。其实在计算机工程界,还有一类计算机被称为"超级计算机",能够解决普通计算机无法处理的大量资料或无法执行的高速运算问题,无论性能还是规模都是普通计算机望尘莫及的。超级计算机在国防、医疗、航天、自然科学和尖端技术等领域都有应用。近些年,我国加大对超级计算机的研究,自主研发的"天河二号"超级计算机以每秒5.49亿亿次峰值运算速度和每秒3.39亿亿次持续运算速度登顶2013年全球超级

⊕ "天河二号"超级计算机

⊕ 中国邮政发行的"神威·太湖之光"超级计算机纪念邮票

计算机排行榜榜首。2016年，我国推出的新一代超级计算机"神威·太湖之光"，其运算速度比"天河二号"还要快两倍，效率提高三倍，重要的是，它使用的是我国自主知识产权的处理器芯片。我国在超级计算机研究方面不断前进，未来还会有包括高级量子计算机在内的更高性能的超级计算机问世。

量子计算机

量子计算机是一种全新的基于量子理论的计算机，应用量子比特，数据可以同时处在多种状态，而不像传统计算机那样只能处于0或1的二进制状态。2017年5月3日，我国研究团队利用高品质量子点单光子源构建了世界首台超越早期经典计算机的单光子量子计算机。

望远镜也是生活中常见的物件，有的可以用来看远处的美景，有的还可以用来看夜空中的星星。科学家探索宇宙也需要通过望远镜，只不过需要很大很专业的望远镜。位于我国贵州省平塘县的500米口径球面射电望

⊕ "中国天眼"射电望远镜

远镜，面积相当于30个足球场那么大，近看像个大碗，从天上俯瞰则像炯炯有神的大眼睛，所以又被称为"中国天眼"。"中国天眼"是由中国科学院国家天文台主导建设，具有我国自主知识产权的当今

世界上最大的射电望远镜。"中国天眼"通过反射单元的独立转动来接收不同功率的太空电波信号，综合性能比美国 300 米口径阿雷西博射电望远镜提高了近 10 倍，灵敏度是德国 100 米口径埃菲尔斯伯格射电望远镜的 10 倍。"中国天眼"已实现指向、跟踪、漂移扫描等多种观测模式的顺利运行，并发现了多颗脉冲星。

高新成果，时代骄子

5G 网络现已成为家喻户晓的热词了，它指的是第五代移动通信技术，传输速度比 4G 网络快数百倍。我国 5G 技术在今天已经应用于多个领域。2019 年国庆大阅兵的恢宏场面，就应用了 5G 网络向全世界直播；2020 年初，为抗击新冠肺炎疫情，武汉启动建设了十多个方舱医院，也铺设了 5G 网络，全方位支撑新冠肺炎救治工作的开展；2020 年 5 月，架设在珠穆朗玛峰区域的 5G 基站在珠峰高程测量数据传输等方面也发挥了重要作用。随着 5G 技术的诞生，用智能终端分享高清电影以及超高画质节目的时代正

⊕ 室外 5G 基站

向我们走来。它的好处体现在增强型移动宽带、超可靠低时延和海量机器类通信，也就是说，5G 技术可以给用户带来更高的带宽速率、更低更可靠的时延和更大容量的网络连接。凭借 TD-SCDMA（时分同步码分多址）这个以我国知识产权为主的无线通信国际标准和多年来研发 TDD（时分双工）技术积淀下来的优势，我国 5G 技术将在世界上处于领先地位。未来，

5G 技术将主要应用于移动物联网，也为 6G 技术奠定坚实基础。

物 联 网

物联网即物物相连的互联网，核心和基础仍然是互联网，是在互联网基础上延伸和扩展的网络，其用户端延伸和扩展到了任何物品与物品之间，进行信息交换和通信。在这个万物智能互联的时代，物联网通过智能感知、识别技术与普适计算等通信感知技术，广泛应用于网络的融合中，人们可以实现任何时间、任何地点人、机、物的互联互通。

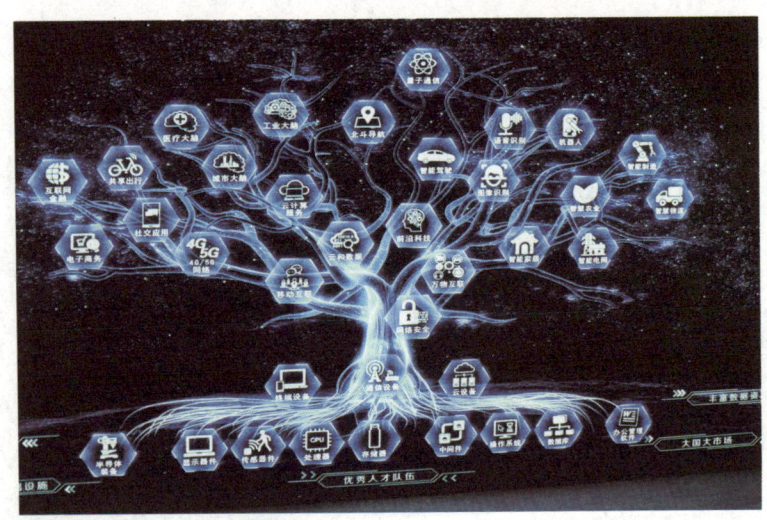

⊕ 未来物联网广泛的应用领域

热度几乎与 5G 技术比肩的还有 3D（立体）打印技术。普通打印机只能打印 2D（平面）图像，而 3D 打印技术则是利用计算机控制 3D 打印机将三维图纸上的物体直接以立体实物形式打印出来的一项技术。

通过计算机来建立一个 3D 模型，形成设计图纸　　将设计图纸导入 3D 打印机进行预处理　　将设计图纸上的模型用设定的材料一层一层地打印出来

⊕ 3D 打印总体流程

在众多科技领域都会用到 3D 打印技术,如医学上可以打印出人体器官模型,建筑业可以打印出房屋结构模型等。此外,汽车、服装、珠宝、电子、军事等领域,都可用到 3D 打印技术。

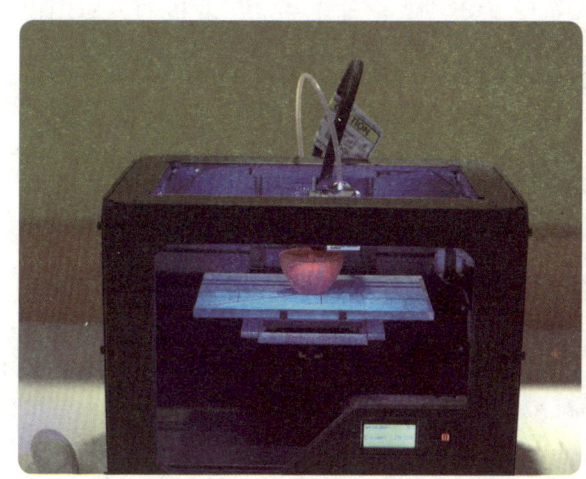

⊕ 3D 打印机和利用 3D 打印技术制作的小物品

我国的 3D 打印技术呈现出不断深化、不断扩大应用的态势。我国现在还将激光制造技术与 3D 打印技术相结合,可谓珠联璧合。激光焊接可大幅度提高 3D 打印的成功率,同时也解决了世界上非常多的焊接难题,可以生产出更为复杂的产品。目前我国可以用 3D 打印和激光焊接技术制造出 12 米以上的大型钛合金构件,成为这个领域的"世界之最"。国产大型客机 C919 就应用了 3D 打印和激光焊接技术制造钛合金翼梁,大幅度降低了更换飞机部件所需的费用,这是我国对高新技术创新应用的典例。

⊕ 激光焊接

机器人曾经只是出现在科幻影视剧里的角色,近些年来,我们走进银行、超市、酒店,常会看到小巧可爱的智能机器人为客人提供服务。随着科技的创新发展,人工智能机器人正逐渐融入人类社会。国内智能机器人市场一直保持高速增长,我国连续数年成为全球第一大工业机器人应用市场。我国的人工智能技术虽处于发展初期,但当前我国对生产制造智能化改造升级的需求日益凸显,同时伴随着计算机、通信、消费电子产品以及汽车制造业等工业领域回暖,诸多行业对机器人的需求量不断增加。在政策、技术等有力推动下,可以预见,智能机器人"替"人的趋势在未来相当长的时间有增无减,诸如焊接、打磨、喷涂等枯燥或危险工作环境将会以智能机器人"代班"。人工智能的迅速发展将深刻改变人类社会、改变世界,而发展的正确方向,就是习近平总书记指出的"要加强人工智能同保障和改善民生的结合""要加强人工智能同社会治理的结合"。

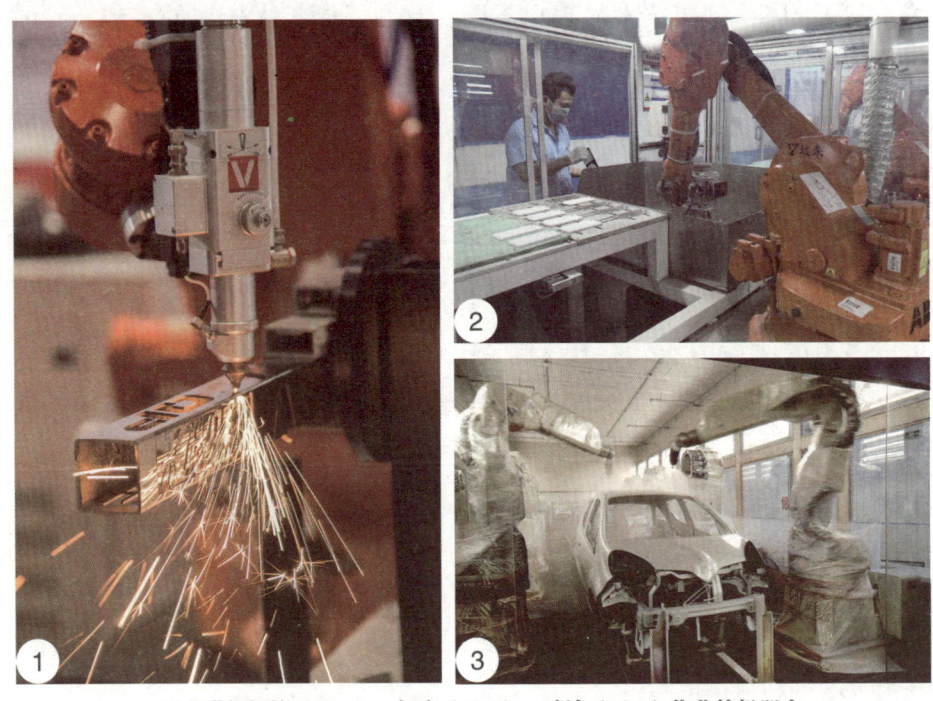

⊕正在进行焊接(图1)、打磨(图2)、喷涂(图3)作业的机器人

创新驱动，引领未来

"当科学家是无数中国孩子的梦想，我们要让科技工作成为富有吸引力的工作、成为孩子们尊崇向往的职业，给孩子们的梦想插上科技的翅膀，让未来祖国的科技天地群英荟萃，让未来科学的浩瀚星空群星闪耀。"习近平总书记这一席话意味深长，耐人深思。科学是我们从小就埋在心里的种子，同我们一起成长，无论何时何地，科学都陪伴在我们的生活和学习中，未来也会陪伴在我们的工作中。

服务人民是科技创新的本质要求。现代科学进入中国的一百多年来，我国众多科技工作者不断钻研科学技术，不断传播科学精神，不断提升科学素养，使得我国科技成果之树在中华大地上枝繁叶茂，使得我国科技创新型发展破茧成蝶，也使得我国建设世界科技强国前程似锦。《国家创新驱动发展战略纲要》指出：坚持国家战略需求和科学探索目标相结合，加强对关系全局的科学问题

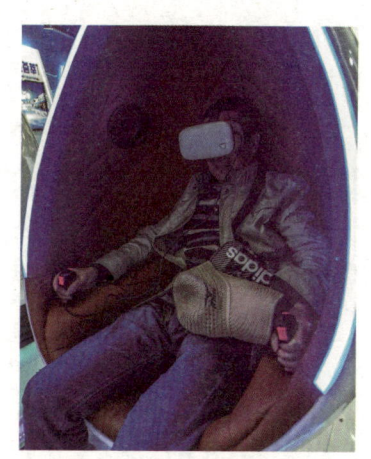
⊕ 体验虚拟现实

研究部署，增强原始创新能力，提升我国科学发现、技术发明和产品产业创新的整体水平，支撑产业变革和保障国家安全。我国的科技水平整体上稳中有进，无论是自主研发，还是引进与合作，都在创新的潮流中有所作为。同时我们也应看到，科学探索就像宇宙一样无边无际，即使一些领域的研究已领先世界，我们所认知的仍是冰山一角，在大数据、物联网、人工智能等多个领域，都等待我们追梦人去探路、攀爬，去锤炼、打磨。

著名物理学家、诺贝尔奖获得者杨振宁教授曾预言，21世纪将是中国人的世纪。有着雄心壮志的中国人民已经站在新的起跑线上蓄势待发，只争朝夕，不负韶华，在党的领导下，以创新发展为动力，瞄准第二个百年奋斗目标和中华民族伟大复兴的中国梦，向未来科技强国进军！

科技革命

18世纪中期,蒸汽机的发明和使用使大机器生产成为工业生产的主要方式。19世纪70年代起,发电机的使用把人类带入电气时代,伴随着电灯、电话、电影的发明,第二次科技革命也硕果累累。到了20世纪四五十年代,由于受到第二次世界大战的影响,电子计算机、新能源、新材料、空间、生物等新兴技术成为各国对信息化和高科技的迫切需要,从而引起了第三次科技革命。第三次科技革命无论在规模、深度与影响上都远远地超过前两次。

人类穿梭蒸汽时代、电气时代、信息时代来到20世纪后期,终于迎来了利用信息化技术促进产业变革的第四次科技革命。它以互联网产业化、工业智能化等为标志,以生物技术为重点,以发展新能源为核心任务。互联网、物联网、大数据、云计算、智能化、传感技术、机器人、虚拟现实等科技成果就在我们身边,这就意味着第四次科技革命比前三次有着更加广泛深刻的影响与意义。如果说前三次科技革命只是少数能工巧匠、科学家、工程师、发明家们的舞台,那么这一轮科技革命将让人人都有创业的机会,人人都可以平等地参与到这场革命之中并从中受益。

放眼未来,电子和信息技术普及应用已经开启了第五次科技革命之门,而"新生物学革命"也预示着成为第六次科技革命。中国科学院院长白春礼表示,中国再也不能与新科技革命失之交臂,必须密切关注和紧跟世界经济科技发展的大趋势,在新的科技革命中赢得主动。我国在第四次科技革命中开局不错,但也危机四伏,毕竟我国在科技领域是"后起之秀"。历史经验表明,全球性经济危机往往催生重大科技创新与突破,而今一些重要科技领域已显现出革命性突破的先兆,相信经过不懈努力,我国会为抓住这些领域的新突破奠定更好的知识基础和人才基础。

专　栏
爱我版图

　　国家版图指一个国家行使主权的疆域。提到国家版图，人们常常会联想到地图，因为地图是表达国家版图最主要的形式。本书用到了许多地图，内容涉及中国的疆域范围及其边界、行政区划等。这些地图象征着国家主权和领土完整，体现了国家主权意志和政治外交立场。

　　为帮助读者树立国家版图意识，并学会规范使用地图，编者在丛书的每一册均设置了"爱我版图"专栏，专门介绍某一方面的国家版图知识。本册专栏介绍了我国对地图的管理、地图编制和审核的相关规定，以及规范使用地图、自觉维护国家版图尊严的重要意义。

我国对地图的管理

无论在日常生活中还是在学习过程中,我们都会接触地图并借助地图了解这多彩的世界。地图为我们提供定位和导航服务,告诉我们"在哪里""到哪儿去""如何去",已经成为我们生活中不可或缺的好帮手。同时我们应该认识到,地图是很科学、很严谨的,有些地图表示了国家版图,具有严肃的政治性和严格的法定性。

地图编制有规矩

国家版图神圣不可侵犯。表示国家版图的地图上,每个点、每条线、每项地名标注,都代表着国家主权和国家利益,不容一点差错。我国很重视对地图的管理,为此制定了许多法规文件对地图的编制进行规范,以维护国家版图尊严。

每一张合格地图的诞生,都经历了非常严格的编制和审批流程。我国的地图编制实行准入制,明确规定只有取得相应测绘资质的单位才有资格编制地图。编制中的"编"就是要先根据地图使用目的选择适当的素材,规划地图内容;"制"就是绘制,

与地图有关的主要法规文件
《中华人民共和国测绘法》
《地图管理条例》
《地图审核管理规定》
《公开地图内容表示若干规定》
《国务院办公厅转发测绘局等部门关于加强国家版图意识宣传教育和地图市场监管意见的通知》
《关于规范互联网服务单位使用地图的通知》

地图上的点、线、面、色彩、文字都不能随意制作，必须严格按照相关规范来绘制。比如我国的国界，应按照中国国界线画法标准样图绘制。编制完成的地图在向社会公开前，必须报送有审核权的测绘地理信息行政主管部门进行审核。送审地图符合《地图管理条例》第二十一条中各条款的规定后，则由上述部门核发地图审核批准文件，并注明审图号。审图号就好像我们的"健康码"一样，地图或附着地图图形的产品只有在适当位置显著标注审图号才能合法面市。

《地图管理条例》（节选）

（2015年11月26日中华人民共和国国务院令第664号发布，自2016年1月1日起施行）

第五条 各级人民政府及其有关部门、新闻媒体应当加强国家版图宣传教育，增强公民的国家版图意识。

国家版图意识教育应当纳入中小学教学内容。

公民、法人和其他组织应当使用正确表示国家版图的地图。

第十五条 国家实行地图审核制度。

向社会公开的地图，应当报送有审核权的测绘地理信息行政主管部门审核。但是，景区图、街区图、地铁线路图等内容简单的地图除外。

地图审核不得收取费用。

第二十一条 送审地图符合下列规定的，由有审核权的测绘地理信息行政主管部门核发地图审核批准文件，并注明审图号：

（一）符合国家有关地图编制标准，完整表示中华人民共和国疆域；

（二）国界、边界、历史疆界、行政区域界线或者范围、重要地理信息数据、地名等符合国家有关地图内容表示的规定；

（三）不含有地图上不得表示的内容。

地图审核批准文件和审图号应当在有审核权的测绘地理信息行政主管部门网站或者其他新闻媒体上及时公告。

第二十二条 经审核批准的地图，应当在地图或者附着地图图形的产品的适当位置显著标注审图号。其中，属于出版物的，应当在版权页标注审图号。

⊕ 地球仪审图号　　　　　　⊕ 图书审图号

获取正确地图的途径

1. 从自然资源部标准地图服务系统（bzdt.ch.mnr.gov.cn）或省级自然资源主管部门网站下载正确的地图。

2. 使用国家地理信息公共服务平台"天地图"（www.tianditu.gov.cn）提供的互联网地图。

3. 购买标注审图号的正规地图产品，例如从正规书店购买公开出版的地图出版物。

4. 需要定制地图时，可从自然资源部网站上查询取得相应测绘资质的地图编制单位，向具备地图编制资质的测绘单位定制地图。

树立版图意识，维护版图尊严

走在大街小巷，乘坐地铁和公交车，进入公园或博物馆，翻阅书籍画册，经常能看到各式各样的地图，有中国地图，有城区地图，有轨道交通图，也有平面导航图。随着传播方式的增加，地图越来越多地出现在日常生活中，特别是现在这个互联网、大数据时代，地图出现在网页上、广告中、手机软件里已经再寻常不过了。但遗憾的是,我们所看到的中国地图,并不一定都是表示正确的。

> 小兰从网上定制了一件"中国地图"个性T恤衫,上面印有中国大陆、海南岛和台湾岛,却漏绘了南海诸岛和钓鱼岛等重要岛屿。

> 某企业宣传推广某商品时,配置了一幅中国地图,但国界线绘制错误,中国的版图形状严重扭曲变形。

出现以上这些错误,都是因为没有重视地图的严肃性,而且这些错误地图未经审核就公开发布,严重损害了我国的版图尊严。表示了国家版图的地图象征着国家主权和领土完整,体现了国家的主权意志和政治外交立场。国界绘制错误,就好像桥梁变形一样危险;每个小小的岛点,就像数学题里的小数点一样,既不能丢也不能点错位置。所以面对地图,我们都应该以"规范使用地图,一点都不能错"的态度来审视。

为了切实提高大众的国家版图意识和国家版图知识普及度,我国有关部门会举办版图知识宣传活动。如测绘地理信息主管部门举办的"美丽中国"全国国家版图知识竞赛和少儿手绘地图大赛,以比赛这种生动活泼的创新宣传方式,把知识性和趣味性有机融合起来,深受青少年的喜爱,也对社会产生了广泛影响。2020年8月27日至9月2日,自然资源部组织开展2020测绘法宣传日暨国家版图意识宣传周活动,主题是"规范使用地图,一点都不

⊕ **两名儿童在测绘法宣传日活动现场查看地图**(新华社陶明 摄)

能错"。这次活动既对包括互联网地图在内的地图的审核和规范使用进行了详解，又指出了"问题地图"的危害，让公众深知维护国家主权和地理信息安全人人有责。此外，活动还体现了地图在疫情防控、复工复产、防灾减灾等方面发挥的支撑保障作用和重要价值。

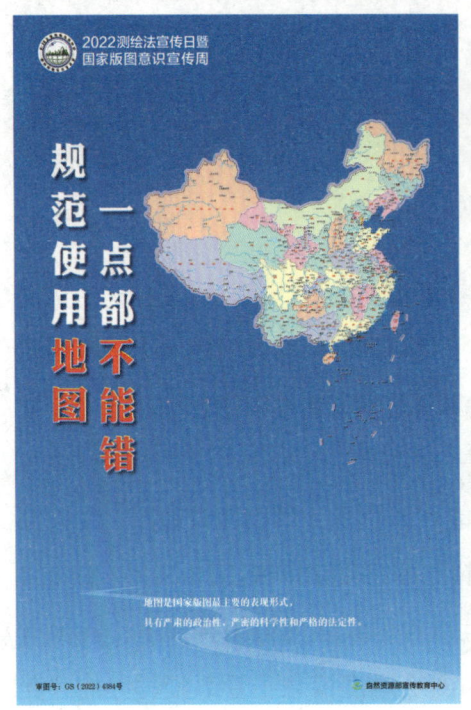
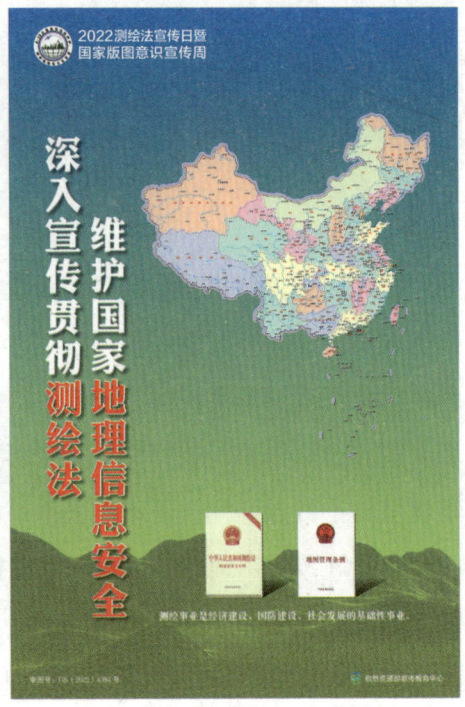

⊕ 2022测绘法宣传日暨国家版图意识宣传周活动海报

各类版图知识宣传活动的举办，主要目的是让公民认识到国家版图的重要作用，进而树立版图意识，辨识和规范使用标准地图，自觉维护国家版图尊严。维护国家版图尊严不仅是地图市场发展的需要，也是爱国主义教育的需要，更是捍卫国家主权和领土完整的需要。地图就像我们的双眼，我们通过它来认识世界；地图又像我们身上的衣装，在世界面前展示中国魅力；地图更像一颗颗火红的中国心，搏动着爱国的热血。规范使用地图，维护国家版图尊严，这既是每一位中国公民的责任与义务，更是一种爱国情怀。地图事，无小事，从我做起，让我们共同维护国家版图尊严。